CB066687

UM ALTAR
QUE SE COMA

Um altar que se coma
Ensaios da agrofloresta

Ana Luiza Braga

© Ana Luiza Braga, 2024
© n-1 edições, 2024

ISBN 978-65-6119-010-7

Embora adote a maioria dos usos editoriais do âmbito brasileiro, a n-1 edições não segue necessariamente as convenções das instituições normativas, pois considera a edição um trabalho de criação que deve interagir com a pluralidade de linguagens e a especificidade de cada obra publicada.

COORDENAÇÃO EDITORIAL Peter Pál Pelbart e Ricardo Muniz Fernandes
DIREÇÃO DE ARTE Ricardo Muniz Fernandes
GESTÃO EDITORIAL Gabriel de Godoy
ASSISTÊNCIA EDITORIAL Inês Mendonça
PREPARAÇÃO Flavio Taam
REVISÃO Fernanda Mello
EDIÇÃO EM LaTeX Julia Murachovsky
PRODUÇÃO EDITORIAL Andressa Cerqueira
CAPA E ARTES GRÁFICAS Mateus Rodrigues

A reprodução parcial deste livro sem fins lucrativos, para uso privado ou coletivo, em qualquer meio impresso ou eletrônico, está autorizada, desde que citada a fonte. Se for necessária a reprodução na íntegra, solicita-se entrar em contato com os editores.

1ª edição | Junho, 2024

n-1edicoes.org

UM ALTAR QUE SE COMA
ENSAIOS DA AGROFLORESTA

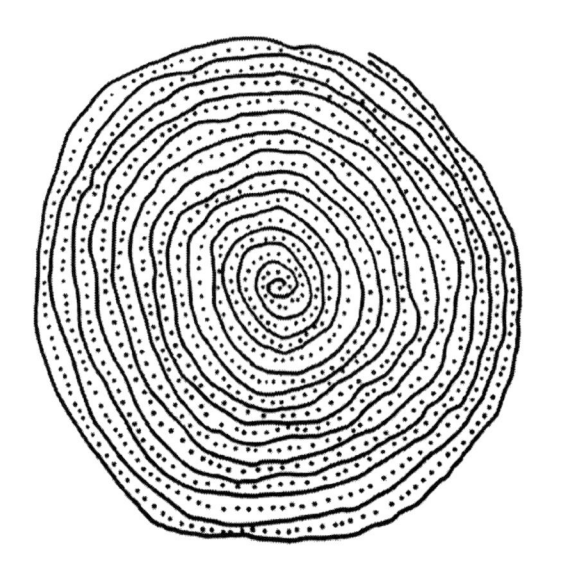

Ana Luiza Braga

n-1 edições

9
introdução
21
pulsão sintrópica
37
curi
45
capturas
63
equívocos
79
gestos
97
terras
107
sementes
121
retomar a pulsão
137
agradecimentos

Ser ferido de silêncio pelo voo dos pássaros:
eis o esplendor do silêncio.
Gratuidade das aves e dos lírios
MANOEL DE BARROS, 1999

introdução

> Os lapsos, os atos falhos, os sintomas, são como pássaros que vêm bater seus bicos no vidro da janela. Não se trata de "interpretá-los". Trata-se, isto sim, de situar sua trajetória para ver se eles têm condições de servir de indicadores de novos universos de referência, os quais poderiam adquirir uma consistência suficiente para provocar uma virada na situação.
>
> *Micropolítica: cartografias do desejo*
> FÉLIX GUATTARI E SUELY ROLNIK

Uma associação se deu por coincidência vocabular: *pulsão*. Na prática da agrofloresta sucessional, a pulsão (também chamada de *pulso*) é uma perturbação em determinado ecossistema que gera um incremento nos processos de fotossíntese, produção de biodiversidade e fertilidade do solo, permitindo a dinâmica de clareira própria à regeneração da floresta tropical. Essa injunção compreende um agenciamento de gestos, invariavelmente multiespecíficos, que abrem caminho para que a energia do sol alcance outros estratos, outros andares da floresta com diferentes densidades de sombra, permitindo a ocupação e o porvir de ainda outros seres, que a terra guarda como virtualidades na memória. Na tradução do agricultor Ernst Götsch, esse movimento é *sintrópico*, ou seja, resulta em maior quantidade e qualidade de vida consolidada no local e no planeta como um todo; uma versão possível do movimento de perseveração da vida em seu insistente vetor de variação, do qual a entropia é constitutiva.

O manejo agroflorestal – os procedimentos que invocam a pulsão vital em determinado ecossistema – inclui a poda e a derrubada de árvores e plantas cujos ciclos vitais chegaram ao fim e que passarão a nutrir os microrganismos do solo com sua matéria corpórea. Ao tomar parte nessa "relação metamórfica com o mundo",[1] esses modos de cultivo assembleários requerem a consideração de uma complexa rede de composições e decomposições tróficas no espaço e no tempo, dispondo de uma sintomatologia fisiológica e topológica fundamentada em distintas cosmociências agrícolas de povos indígenas, quilombolas, caiçaras, ribeirinhos e camponeses. Nessa práxis exercita-se um pensamento não somente com o meio mas também pelo meio, onde sensibilidades se tornam mutuamente capazes de discernir as condições de existência de viventes e não viventes encarnados na paisagem, bem como a qualidade dos encontros que nela se dão. Trama-se, assim, uma espessa indiscernibilidade ancestral entre pensamento e coexistência em solo originário.

Há, nas poéticas florestais, uma ressonância particular com a pulsão enquanto ciência ativa e de consistência

---

1. Isabelle Stengers, *Reativar o animismo*, op. cit., p. 7.

ética; "uma apreciação originária em ato".² Essa aproximação desfigura a compreensão do campo pulsional em exercícios pragmáticos e extemporâneos, clínicos e ecológicos, nos quais a atenção aos graus de vitalidade do mundo é a atividade central. A tempestade, o bicho serra-pau, "a irrupção do vivo no lapso".³ Lá, onde a floresta era, também a pulsão é agente de subversão.

༄

Em meio ao genocídio e às forças destrutivas que entropizam a complexidade de formas e modos de vida, esta pesquisa procura situar-se em relação aos chamados de ecologias praticadas por povos e comunidades em luta pela terra no Brasil. As perspectivas que orientam o estudo redistribuem as agências e políticas de habitar em jogo, insubordinadas ao dualismo natureza/cultura que fundamenta as narrativas hegemônicas sobre a atual conjuntura de acelerações e colapsos do capitalismo. Suas composições excedem os contornos e categorizações estruturantes do pensamento humanista, de modo a tornar sensível a constituição colonial da sintomática socioecológica e suas traduções políticas no presente.

---

2. João Perci Schiavon, *Pragmatismo pulsional: clínica psicanalítica*. São Paulo: n-1 edições, 2019.
3. Ibid., p. 27.

A possibilidade de pensar em ecologias, no plural, alia-se à proposição de Félix Guattari, que cartografou as relações entre as tramas subjetivas, sociais e ambientais, abrindo espaço para outras redes invisíveis de relacionalidade.[4] Nas descontinuidades dessa malha existe ainda o que Malcom Ferdinand chamou de "uma dupla fratura, ambiental e colonial da modernidade",[5] da qual decorre uma fantasia de preservação do planeta marcada pela ausência daquelas e daqueles "sem os quais a terra não seria a Terra".[6] Os saberes e fazeres de povos e comunidades indígenas, quilombolas e camponesas que mobilizam processos de regeneração terrestre, semeando o florescimento no enfrentamento à devastação, são as linhas que conduzem este percurso por seus devires emaranhados. Suas materialidades compõem mundos ecologicamente relacionados a partir de um movimento clínico, fundamentalmente ético, político e estético, que conflui em alianças desejantes, "capazes de dar resposta".[7]

Estes textos são também ensaios da agrofloresta, no sentido de que são exercícios de leitura e escrita mobilizados pela aprendizagem e prática da agrofloresta sucessional na

---

4. Félix Guattari, *As três ecologias*. 11. ed. Trad. bras. Maria Cristina F. Bittencourt. São Paulo: Papirus, 2001.
5. Malcolm Ferdinand, *Uma ecologia decolonial: pensar a partir do mundo caribenho*, trad. bras. Letícia Mei. São Paulo: Ubu, 2022, p. 23.
6. Aimé Césaire, *Diário de um retorno ao país natal*, trad. bras. Lilian Pestre de Almeida. São Paulo: Edusp, 2021, p. 63.
7. Donna Haraway, *Ficar com o problema: formar parentes no Chthuluceno*, trad. bras. Ana Luiza Braga. São Paulo: n-1 edições, 2023.

Mata Atlântica; mais especificamente, na região subtropical de altitude da Serra da Mantiqueira, entre São Paulo e o sudeste de Minas Gerais, no município de Santo Antônio do Pinhal. A agrofloresta sucessional – isto é, o cultivo simultâneo de plantas alimentícias e florestais, combinadas de maneira que as arquiteturas e os ciclos de vida de diferentes vegetais se complementem e se sucedam, como ocorre na floresta tropical – requer a afinação contínua de sensibilidades aptas à recomposição de mundos multiespécie, demandada pelas pulsões da floresta. As tentativas de maquinar com as relações implicadas na produção de habitabilidade terrena se encontram em diferentes práticas nos campos da educação, das artes e da organização comunitária; na busca transtornada de comunidades, povos, trabalhadoras e trabalhadores que enfrentam cotidianamente os regimes históricos de subjugação e aniquilação no Brasil.

A pesquisa consistiu na revisão da bibliografia indicada a partir de uma abordagem transdisciplinar e narrativa, em tentativas de tradução e escrita especulativa nos entroncamentos dos estudos de ciência e da tecnologia, dos estudos decoloniais, dos feminismos interseccionais, da filosofia da diferença e da psicanálise. Seus referentes se enraízam em conhecimentos indígenas e quilombolas, na agroecologia, no multinaturalismo, na ecologia política e histórica e nos estudos multiespécie, em um atravessamento de campos teóricos que não tem a pretensão de esgotá-los, mas, antes, de abri-los ao que os excede.

No primeiro movimento, "pulsão sintrópica", dois sentidos do termo *pulsão* são avizinhados, conforme suas traduções correspondentes na agroecologia e na clínica: enquanto no léxico agroecológico a pulsão figura como um acontecimento que reinicia a sucessão florestal, na clínica psicanalítica, trata-se de um vetor inconsciente, pragmático e extemporâneo, que se manifesta em atos e dizeres. As compreensões do termo homônimo na agrofloresta sucessional, com Ernst Götsch, e na clínica psicanalítica, com João Perci Schiavon, são atravessadas por um chamado unívoco, que conflui para os cuidados necessários à manutenção das condições de emergência da multiplicidade. Esses exercícios pulsionais se insurgem nas cosmopolíticas terrenas e em suas disputas ontoepistemológicas, ecoadas por Isabelle Stengers, Eduardo Viveiros de Castro, Déborah Danowski, Anna Tsing, Ursula K. Le Guin e Achille Mbembe.

Na segunda trilha, "curi", diferentes léxicos e registros poéticos coabitam uma prática de coletar e reparar[8] na presença abreviada da entidade multiespécie Araucária. Atualmente em processo de extinção devido ao desmatamento, à exploração madeireira e à mutação climática, as araucárias coevoluíram e se acoplaram com incontáveis seres ao longo de milhões de anos, especialmente por meio dos abundantes pinhões, coletados e plantados por diversas espécies nos cami-

---

8. Como uma ferramenta metodológica diante da irreparabilidade, Fernanda Eugênio (*Quase-manifesto ante o irreparável*, Buala, 2019) traduz os "limites-confins" do termo "reparar" como "parar de novo (re-parar), inventariar atentamente e manusear em concerto".

nhos indígenas do Planalto Meridional da Mata Atlântica. As atribuições da botânica e da toponímia que compõem esse vocabulário localizado dão testemunho de encontros longevos, friccionando seus contornos históricos e afetivos no presente. A atenção à temporalidade da narração se assenta nos materialismos sensíveis e no chamado à fabulação especulativa feminista de Donna Haraway, Anna Tsing e Ursula K. Le Guin.

Os pássaros envenenados por mercúrio na ilha de Kyushu, no Japão, onde ocorreu um dos primeiros grandes crimes socioambientais amplamente noticiados, conduzem-nos às aldeias Munduruku, ao longo do rio Tapajós, onde a expansão mineradora contamina progressivamente as águas, as terras e os corpos. A partir do questionamento de Ailton Krenak sobre a limitação de um "imperativo da sustentabilidade",[9] enunciado vazio diante da reiteração e irreparabilidade dos atos de extermínio, o ensaio "capturas" procura mapear a trajetória de ativação jurídico-corporativa do termo, operador de um imaginário marcadamente imperialista e desenvolvimentista. Maristella Svampa, Suely Rolnik, Silvia Rivera Cusicanqui, val flores, Shaula Sampaio e Belinaso Guimarães e outras conhecedoras desse gênero de armadilha discursiva nos encaminham para longe de suas iterações apropriadoras. Enquanto isso, contudo, tomado-

---

9. Ailton Krenak, *Ideias para adiar o fim do mundo*. São Paulo: Companhia das Letras, 2019, p. 8.

res de decisão transnacionais determinam a escalada global da destruição e da injustiça climática, marcada pela contínua perseguição a povos e territórios em todo o planeta.

Levando em consideração a polifonia de sentidos, o texto "equívocos" trata das políticas estatais de nomeação e titulação de territórios e do apagamento do que extrapola os operadores de análise do Estado e sua partilha do sensível. As provocações de Marisol de la Cadena, Antônio Bispo dos Santos, Eduardo Viveiros de Castro e Jacques Rancière se desdobram em uma discussão sobre as condições de (in)traduzibilidade dos arranjos relacionais que excedem as categorizações e concepções modernas de natureza. Como encarar as formas atualizadas de extirpação de idolatrias, impostas em modelos renovados de desenvolvimento e em categorias científicas hegemônicas que determinam a separabilidade de existências coletivas, inclusive a noção de espécie? Que "gramáticas de conversão"[10] insistem em reordenar e se apropriar de modos de existência localizados, mesmo em discursos progressistas e secularizados sobre "territórios", "recursos" ou "meio ambiente"?

Em "gestos", adentramos o pensamento de Vilém Flusser sobre os movimentos do corpo e, mais especificamente, sobre o gesto de plantar, para inquirir a suposta excepcionalidade humana, representada em oposição a um meio hostil, evocativo de um estado original into-

---

10. Marisol de la Cadena, "Human but not only". Runa International Biennial of Contemporary Art (RIBOCA2), 2021.

cado e de um único caminho histórico-evolutivo rumo ao progresso, à monocultura e ao latifúndio. No rastro das histórias de Pierre Clastres sobre as sociedades contraestatais, outros contos de parentesco e mobilidade entre a roça, a floresta e seus seres são coletados. Os equívocos retomam a potência no gradiente "aldeia-roça-capoeira-floresta", praticado como modo de vida dos Wajãpi, no Amapá, presente nos estudos de Joana Cabral de Oliveira sobre suas formas de nomeação e cultivo. As pesquisas arqueológicas de Eduardo Góes Neves e William Balée nos aterram em solos antrópicos, terras pretas e sambaquis, artefatos vivos que resultam das longevas intervenções de povos amazônicos na materialidade de seus territórios.

A entrada "terras", por sua vez, parte de uma observação cotidiana sobre a predominância de certas espécies de capim, como a braquiária e o colonião, comumente usadas para bloquear a dinâmica sucessional e acomodar o gado em vastas paisagens rurais. A aplicação dessas gramíneas na agropecuária e em outras empreitadas de esvaziamento territorial remontam ao imperialismo ecológico,[11] descrito por Alfred Crosby: a substituição de populações humanas e não humanas como estratégia de extermínio e despossessão ao longo do processo de colonização. As de-

---

11. *Imperialismo ecológico: a expansão biológica da Europa, 900–1900*, trad. bras. José Augusto Ribeiro e Carlos Afonso Maferrari. São Paulo: Companhia das Letras, 2011.

rivas dos capins também foram notadas por viajantes e naturalistas que, como observa Regina Horta Duarte, enxergavam a floresta como insumo para sua ocupação efetiva.

A terra capinada nos leva, enfim (e em início), às "sementes". Aspectos da organização territorial e ecológica dos quilombos, narrados por Beatriz Nascimento, Abdias Nascimento, Flávio dos Santos Gomes e Malcom Ferdinand, emergem associados à continuidade dos modos de habitar amparados em práticas socioespirituais da diáspora negra, procedimentos mnemônicos e associações entre espécies companheiras que transpõem suas propriedades biológicas. Esse movimento nos devolve à imanência das lutas pela terra e das sementes da paixão, portadoras da memória de aquilombamentos vindouros.

Alguns textos são bolsas de coleta, outros são picadas na mata, meados por sucessivas compostagens, tentativas de humificar o pensamento e suas pretensões de totalidade. "Para ficar com o problema, os nomes e os padrões se necessitam mutuamente, ainda que não sejam isomórficos. Eles habitam histórias conectadas, partidas e emaranhadas."[12] As notas de rodapé puxam fios e fincam raízes como sementes em muvuca, formando uma camada humífera para que rebrote o que vingar em cada solo.

As assembleias duradouras que conformam os territórios testemunham os vínculos e as rupturas que produzem as condições de habitabilidade comum. As tentativas de

---

12. Donna Haraway, *Ficar com o problema*, op. cit., p. 46.

reparar nos "ajuntamentos de modos de ser"[13] da Terra, intraduzíveis nas linguagens do Estado, dão a ver não apenas a colonialidade das instâncias estatais, mas também outras possibilidades de restabelecimento e subversão. "São essas formas de habitar que servirão de pistas para recuperar o vínculo com aquele projeto de enraizamento soberano no espaço-tempo de nossas paisagens."[14]

13. Anna Tsing, *Viver nas ruínas: paisagens multiespécie no Antropoceno*, trad. bras. Rafael V. Devos et al. Brasília: IEB Mil Folhas, 2019, p. 150.
14. Rita Segato, *Crítica da colonialidade em oito ensaios: e uma antropologia por demanda*. Rio de Janeiro: Bazar do Tempo, 2021, p. 25.

pulsão sintrópica

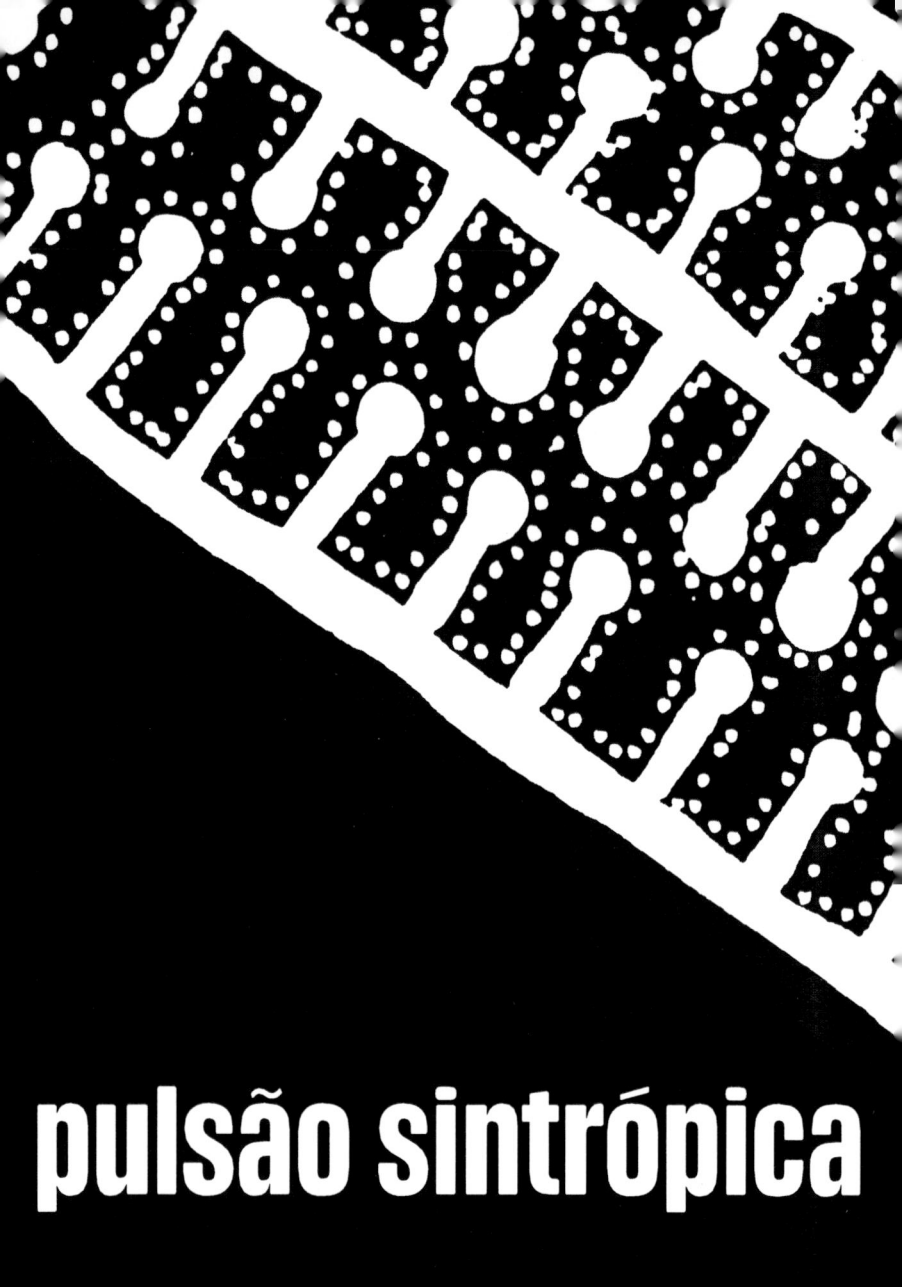

ESTABELECER vizinhanças é sempre um exercício arriscado, sobretudo quando atravessamos paisagens tão díspares como os estudos da subjetividade e as práticas agroflorestais. Mas se pensar é seguir a linha de fuga do voo da bruxa,[1] deixemos que nos conduza *Ascalapha odorata*, mariposa americana noturna batizada por um Lineu inspirado em Ascálafo, *daemon* horticultor do mundo dos mortos, cuidador dos pomares de Hades. No México, ela é conhecida como X'mahana, nome maia que se traduz como "moradora da casa alheia". Em alguns lugares, a bruxa traz o prenúncio da morte; em outros, trata-se de um espírito ancestral em visita aos vivos. Para além dos desígnios humanos, sua trajetória nos conduz a um fora denso, úmido e plenamente habitado, situado nesse outro território: o *foris* que compõe o étimo da floresta.[2]

---

1. Gilles Deleuze e Félix Guattari, *O que é a filosofia?*, trad. bras. Bento Prado Jr. e Alberto Alonso Muñoz. Rio de Janeiro: Editora 34, 1992.
2. Esta hipótese etimológica discutida por Harrison (*Forests: The Shadow of Civilization*. Chicago: The University of Chicago Press, 1993, p. 69) demarca a externalidade da *silva forestis*, a floresta além dos limites habitados e cultivados por humanos da *silva communis*.

X'mahana bate suas largas asas sem pressa, passeando por entre os corpos aparentemente estáticos da mata até uma súbita abertura, bastante familiar à nossa espécie: a clareira. O dia quer amanhecer, e podemos distinguir, sobre a serrapilheira, o vulto de uma grande árvore tombada, que levou outras consigo na queda. Apertando as pálpebras, reconhecemos no chão a sapucaia (*Lecythis pisonis*), exuberante árvore nativa da floresta tropical primária, "fruto que faz saltar os olhos" de primatas e morcegos. Os minerais mobilizados através de sua raiz pivotante se tornam disponíveis para outras espécies na forma de folhas e frutas, e também no momento de sua decomposição. Há registros de que os Puris enterravam seus mortos em urnas de cerâmica com a forma da cumbuca da sapucaia: "a alma do morto vai para uma agradável mata, cheia de pés de sapucaia e de caça, onde fica contente, na companhia de todos os mortos".[3]

A bruxa metamórfica nos trouxe ao fim e ao princípio do ciclo de continuidade da vida que ocorre a todo momento na floresta tropical, e que na biologia é chamada de sucessão natural das espécies.[4] Aqui, talvez, a indaga-

---

3. Paulo Pereira dos Reis, *O indígena do Vale do Paraíba: apontamentos históricos para o estudo dos indígenas do Vale do Paraíba Paulista e regiões circunvizinhas*. São Paulo: Coleção Paulística v. 15, 1979, p. 80.
4. Na descrição de Ernst Götsch, "a sucessão natural das espécies é o pulso da vida, o veículo em que a vida atravessa o espaço e o tempo" (*Homem e natureza: cultura e agricultura*. 2. ed. Recife: Centro de Desenvolvimento Agro-ecológico Sabiá, 1997).

ção mais aguda já não será como se reproduz o homem,[5] mas como se reproduz a floresta que reproduz, entre tantos existentes, aquele homem. A sapucaia mostra que, quando uma árvore cai na floresta primária, abrindo uma clareira, a sucessão ecológica tem um novo pulso: a luz do sol alcança o solo e a matéria orgânica o recobre, permitindo que as sementes no chão da floresta se desenvolvam e brotem. Primeiro virão as espécies de ciclo curto, denominadas "pioneiras" ou "placenta", formando uma *capoeira*, a "mata do passado" (*ka'a-uêra*) tupi. Estas criarão as condições para que venha a floresta secundária e, depois, a primária, de ciclo mais longo. Cada momento desse percurso é chamado de estágio da sucessão, e cada estágio cria as condições para que persevere o seguinte.[6] Assim, a vida diante de nós se compõe como um arquivo da vida passada, em que cada ser vivo é uma pluralidade de formas sucessivas que "não apenas está em continuidade com o não vivo, mas é seu prolongamento, sua metamorfose, sua expressão mais extrema".[7]

Seres humanos, assim como outros grandes primatas florestais, também fazem parte da dinâmica de clareira, em função dos diferentes graus de distúrbio que causam

---

[5]. Jacques Lacan, "O aturdito". In: *Outros escritos*, trad. bras. Vera Ribeiro. Rio de Janeiro: Zahar, 2003, p. 456.
[6]. Ana Luiza Braga e André Cerveny, *Laboratório para una poética forestal*. Trabalho de conclusão de curso do Programa de Estudios Independientes do Museu d'Art Contemporani de Barcelona: Biblioteca MACBA, 2018.
[7]. Emanuele Coccia, *Metamorfoses*, trad. bras. Madeleine Deschamps e Victoria Mouawad. Rio de Janeiro: Dantes Editora, 2020, p. 16.

na floresta. No vocabulário da agrofloresta sucessional, *pulsão* é o nome dado ao acontecimento que reinicia o processo de regeneração florestal. Sua ativação é também um saber-fazer praticado por povos indígenas e comunidades quilombolas, camponesas e tradicionais no cultivo de agroecossistemas tropicais. O movimento é coordenado segundo as arquiteturas, ciclos de vida e relações ecofisiológicas dos vegetais, de maneira que possam ocupar diferentes alturas ao longo do tempo, desfrutando da energia solar disponível em cada estrato para produzir ainda mais matéria viva.

As podas sazonais e as capinas seletivas, realizadas a partir de conhecimentos ancestrais e da observação atenta dos ciclos vitais em cada território, envolvem "pôr pro chão" indivíduos vegetais, geralmente com o uso de serra ou facão, formando pequenas clareiras de onde se insurgirão vigorosas plântulas alimentícias, cada qual com sua egrégora específica de organismos associados. Quando oportunas, essas intervenções usam a sucessão ecológica como força motriz para ciclar e incrementar nutrientes orgânicos e inorgânicos, fornecendo suficiente cobertura morta, isto é, matéria orgânica abundante, para cobrir o solo e protegê-lo da compactação, da desagregação e da lixiviação ocasionadas pela chuva e pelos raios solares. A informação de crescimento gerada pelas podas é transmitida por meio da biocenose[8] associada

---

8. Ao explicar as dinâmicas de formação e agregação dos solos tropicais,

à zona de raízes, permitindo que vinguem espécies ainda mais complexas e exigentes em relação à fertilidade do solo. Todos esses artifícios têm como efeito a regeneração de terras, águas e ares; o enriquecimento de ciclos genéticos e a fertilidade do solo; a soberania alimentar e a segurança nutricional de quem nele vive.

Esses fundamentos se alinham com a teoria das estruturas dissipativas, elaborada por Ilya Prigogine e Isabelle Stengers, segundo a qual as flutuações promoveriam a organização e o aumento da complexidade em determinado sistema, distanciando-o do equilíbrio termodinâmico.[9] Ao investigar a agrofloresta sucessional, Ernst Götsch chamou o fundamento agrícola regenerativo praticado nos trópicos de *sintrópico*, a partir de uma tradução ético-estética dos princípios da termodinâmica. Como ensina a árvore que tomba na clareira, os sistemas vivos têm a capacidade de vencer a tendência à entropia não apenas por meio do crescimento e da reprodução, mas sobretudo pelo desenvolvimento contingente e coordenado de estruturas de organização cada vez mais complexas. As condições para o ressurgimento multi-

---

Ana Maria Primavesi define a biocenose como "a ação recíproca entre solo-planta-microvida" (Primavesi, A. *A biocenose do solo na produção vegetal & Deficiências minerais em culturas, nutrição e produção vegetal*. São Paulo: Expressão Popular, 2018, p. 33).

9. Ilya Pryigogine e Isabelle Stengers, *A nova aliança: metamorfose da ciência*, trad. bras. Miguel Faria e Maria Joaquina Machado Trincheira. Brasília: Editora Universidade de Brasília, 1997.

espécie, imprescindíveis à vida na Terra e à agricultura, dependem do trabalho de muitos organismos que fazem negociações através da diferença, forjando "assembleias de habitabilidade em meio às perturbações".[10]

Em um estudo sobre a relação entre as práticas tradicionais de cultivo e a produção de uma "biodiversidade doméstica", Manuela Carneiro da Cunha alude ao matemático Nicholas Georgescu-Roegen para explicar que a vida, em sua acepção biológica, necessita de três coisas básicas: "primeiro, matéria; segundo, energia; e a terceira e mais misteriosa é a diversidade, também conhecida como entropia baixa ou negativa".[11] A antropóloga remete à conclusão de Georgescu-Roegen de que o crescimento não pode ser ilimitado, uma vez que "o trabalho constante não pode continuar indefinidamente sem um suprimento contínuo de matéria, energia e entropia negativa". Enquanto a entropia rege as transformações termodinâmicas que liberam energia às custas da complexidade, a entropia negativa as reorganiza em ligações e processos, convertendo energia em redes mais complexas e interdependentes de vida.

Dessa compreensão termodinâmica decorre a pragmática agroflorestal: de modo complementar à noção

---

10. Anna Tsing, *O cogumelo no fim do mundo: sobre a possibilidade de vida nas ruínas do capitalismo*, trad. bras. Jorgge Menna Barreto e Yudi Rafael. São Paulo: n-1 edições, 2022, p. 226.
11. Manuela Carneiro da Cunha, "Traditional People, Collectors of Diversity". In: Brightman, Lewis (org.). *The Anthropology of Sustainability: Beyond Development and Progress*. Londres: Palgrave Macmillan, 2017, p. 257.

de entropia, que designa a degradação da matéria que resulta em dissipação de energia, Götsch adota a *sintropia* (*sin*, relativo a "convergência", e *tropos*, a "tendência"), que descreve a característica oscilatória entre entropia e entropia negativa como aquela entre a inspiração e a expiração,[12] permitindo a preservação da existência. Assim, considera-se que parte da função dos processos metabólicos é reorganizar os resíduos entrópicos através dos quais a vida prospera e se multiplica, gerando um aumento de complexidade em termos de "qualidade e quantidade de vida consolidada"[13] e impulsionando os processos de sucessão florestal nos locais de intervenção.

Nesse sentido de mundo, ou cosmopercepção,[14] apesar de ser entrópico em si mesmo, cada ser vivo contribui para os processos sintrópicos. Há os sistemas de acumulação, que necessitam de insumos e matéria orgânica produzidos por outros ecossistemas, como a serrapilheira de florestas circundantes; estas, por sua vez, sistemas de abundância. A ação é mobilizada por um "prazer in-

---

12. Felipe dos Santos Pasini, *A agricultura sintrópica de Ernst Götsch: história, fundamentos e seu nicho no universo da agricultura sustentável*. Dissertação de mestrado em Ciências Ambientais e Conservação. Rio de Janeiro: UFRJ, 2017, p. 39.
13. Ernst Götsch, *Homem e natureza*, op. cit., p. 5.
14. Tradução de Wanderson Flor do Nascimento para *world-sense*, proposição de Oyèrónkẹ́ Oyěwùmí (2021), uma qualificação mais acurada para culturas que não privilegiam o visual sobre os demais sentidos, como a iorubá, demarcando uma diferença em relação ao oculocentrismo euromoderno da expressão "visão de mundo" (*worldview*).

terno"[15] às cooperações interespécies, atualizando forças que ainda podem ser exercidas. Esse entendimento não se traduz em um pacote tecnológico nem em uma sequência de instruções de plantio, mas em procedimentos localizados, deflagrados por sensibilidades terrenas coordenadas. Para além dos métodos de estratificação, identificação, adubação, capina seletiva, poda e outras formas de cuidado e manejo das influências que definem a saúde de um ecossistema, as decisões que atravessam essa política de cultivo mais que humana são feitas a partir de um discernimento ecoetológico,[16] que se exerce na apuração cotidiana da reciprocidade entre componentes bióticos e abióticos. Seu critério se orienta, a cada momento, na experiência de coproduzir um habitar multiespécie, rumo ao florescimento de formas de existir.

Além de convocar uma concepção termodinâmica radicalmente distinta daquela que a modernidade ocidental postulou em suas vertentes mecanicista e desenvolvimentista, essas formas de manejo convocam a um comparecimento em determinado modo de potencialização do vivo, enquanto ciência do corpo e prática do pensa-

---

15. Felipe dos Santos Pasini, *A agricultura sintrópica de Ernst Götsch*, op. cit., p. 48.
16. Segundo Isabelle Stengers, a Terra vincula o *ethos* dos seres vivos com seus *oikos*, de modo que não pode haver uma etologia sem uma ecologia específica (Stengers, I. (2005). "Introductory notes on an ecology of practices." *Cultural studies review*, v. 11, n. 1, pp. 183-196.)

mento.[17] As agriculturas "de processos" se contrapõem à agricultura "de insumos", majoritariamente derivados de petróleo: "o cultivo pela coerção",[18] proveniente da exploração de plantas, animais, organismos e pessoas. As técnicas e processos agroecológicos, "bricolagens tecnoprimitivistas e metamorfoses político-metafísicas",[19] podem implicar o reaproveitamento de águas; o cultivo de microrganismos e polinizadores; o estudo de plantas medicinais, sagradas e alimentícias; a troca e a manutenção de sementes crioulas; a fabricação de ferramentas, léxicos e formas colaborativas de organização do trabalho; o restabelecimento de rituais, mutirões, festejos, cantos e encantos. A geratividade dessas experiências manifesta-se não apenas em condições materiais de vida nos territórios, mas também em vizinhanças ínfimas com comunidades vivas e não vivas; com a topografia, a estrutura, a textura e a fertilidade do solo; com o clima, a pluviosidade e a incidência do sol e dos ventos; com a sazonalidade e suas temporalidades tróficas. "A assembleia polifônica é a reunião desses ritmos, resultantes de projetos de criação

---

17. João Perci Schiavon, *Pragmatismo pulsional: clínica psicanalítica*. São Paulo: n-1 edições, 2019.
18. Anna Tsing, "Margens indomáveis: cogumelos como espécies companheiras", trad. bras. Pedro Castelo Branco Silveira. *Ilha*, v. 17, n. 1, jan.-jul. 2015, p. 189.
19. Déborah Danowski e Eduardo Viveiros de Castro, *Há mundo por vir? Ensaio sobre os medos e os fins*. 2. ed. Desterro Cultura e Barbárie; Instituto Socioambiental, 2014, p. 159.

de mundos, humanos e não humanos."[20] Na transdução assembleária do pasto em floresta, "uma habilidade de viver, uma consciência de pertencer ao mundo e um gozo de ser parte do mundo"[21] podem tomar lugar.

Em potência, os cuidados que atravessam o manejo agroflorestal evocam estados de disposição similares àqueles que podemos atribuir a uma escuta clínica. A atenção é voltada às manifestações, indícios e sintomas dos viventes, à qualidade dos afetos suscitados pelos acontecimentos e à decifração dos encontros, alegres ou tristes. O foco, distintamente, são os acoplamentos interespécies ou, ainda, as intra-ações[22] de muitos agentes florestais; outros *nós* possíveis na rede de existentes. Desse modo, as intervenções de agricultoras e florestadores contribuem à tessitura de tramas cada vez mais complexas no plano real da interdependência. A pulsão sintrópica, um pensamento que se move com as cate-

---

20. Anna Tsing, *Viver nas ruínas: paisagens multiespécie no Antropoceno*, trad. bras. Rafael V. Devos et al. Brasília: IEB Mil Folhas, 2019, p. 152.
21. Ursula Le Guin, "Deep in admiration". In: (orgs.) Tsing, A.; Swanson, H.; Gan, E.; Bubant, N. *Arts of Living on a Damaged Planet: Ghosts of the Anthropocene*. Minneapolis: University of Minnesota Press, 2017, p. M15, tradução nossa.
22. Karen Barad ("Performatividade pós-humanista: para entender como a matéria chega à matéria", trad. bras. Thereza Rocha. *Vazantes*, v. 1, n. 1, 2017) propõe a intra-ação como a constituição mútua de entidades determinadas, "onde o emaranhamento dos vários componentes é uma precondição, e não um resultado da ação". Esta relação é fundamental ao que chama de realismo agencial, que investiga o político como um conjunto de práticas e aparatos que individualizam os sujeitos.

gorias da vida e a partir delas, se dá em exercícios que comungam com a diferença emergente, gerando condições materiais e de sensibilidade para uma vida que não se sujeita e ressurge, insistentemente, na tendência à irredutível multiplicidade das formas.

⌒

Além da prática da agricultura sintrópica – que produz abundantes possibilidades de recampesinização e recuperação de áreas degradadas, como nas conhecidas experiências vinculadas ao Movimento sem Terra (MST), à Teia dos Povos, à Rede Povos da Mata e à Cooperafloresta –, numerosos povos e suas tecnologias terrestres,[23] tradicionais e reemergentes, produzem mundos segundo modos de habitar sintonizados com a processualidade inerente à terra. No campo da produção agrícola, são notórios os trabalhos de cultivo da pimenta jiquitaia por mulheres Baniwa, no Alto Rio Negro, e a produção de óleo de pequi do povo Khĩsêtjê, no Xingu. Em distintas sintonias, comunidades indígenas, quilombolas, caiçaras, caipiras, camponesas, assentadas e guardiãs de sementes, cursos de água, territórios e práticas ancestrais materializam continuamente as relações entre pertença e devir, prefigurando a continuidade.

---

23. Bruno Latour, *Onde aterrar? Como se orientar politicamente no Antropoceno*, trad. bras. Marcela Vieira, Rio de Janeiro: Bazar do Tempo, 2020.

Diante da implacável contingência que caracteriza esses tempos de catástrofe planetária, o exercício de reparar (n)a terra, materializado por ecologias e praticantes situados, compõe um mundo onde cabem muitos mundos, como na invocação zapatista.[24] Esse "trabalho-jogo" se pratica na organização de modos coletivos de viver e morrer bem.[25] Em contraposição aos projetos neoextrativistas e de ocupação ontológica dos territórios, as formas de *sentipensar* com a terra[26] traçam estratégias que extrapolam o antagonismo aos poderes constituídos, acendendo possibilidades de retomada das paisagens ecossociais e subjetivas. Marcados pela recusa aos imperativos de sujeição e assimilação dos projetos propulsores do fluxo da história (quer o chamemos de Capitalismo Mundial Integrado, Ocidente Global ou Mundo Único), as praticantes dessas ecologias insistem na composição de mundos "que resistem e resistirão a cada catástrofe".[27]

---

24. Comitê Clandestino Revolucionário Indígena: Comando Geral do Exército Zapatista de Liberação Nacional (1996). Cuarta Declaración de la Selva Lacandona. Disponível on-line.
25. Donna Haraway, *Ficar com o problema: fazer parentes no Chthuluceno*, trad. bras. Ana Luiza Braga. São Paulo: n-1 edições, 2023.
26. Arturo Escobar, "Sentipensar con la Tierra: Las Luchas Territoriales y la Dimensión Ontológica de las Epistemologías del Sur". Madri: *Revista de Antropología Iberoamericana*, v. 11, n. 1., jan-abr. 2016, p. 12.
27. Déborah Danowski apud Alyne Costa, "Ecologia e resistência no rastro do voo da bruxa: a cosmopolítica como exercício de filosofia especulativa". *AnaLógos*. n. 17, v. 1, 2018, p. 151.

Junto a agricultores experimentadores do semiárido, na Paraíba, Alyne Costa recorda que a dimensão de processualidade de tais agenciamentos se traduz em um "poder de criação que supera em amplitude e multiplicidade sua capacidade de reagir contra uma dominação imposta, encontrando sua potência nos novos mundos que se tornam capazes de fabricar".[28] O conceito de *reclaim*,[29] proposto por Isabelle Stengers – traduzido ao português por Jamille Pinheiro Dias como "reativar", ressaltando sua qualidade empírica e pragmática; e como "retomada", por Renato Sztutman, em aliança com as lutas pela terra no Brasil[30] –, descreve maneiras de habitar a Terra a partir de suas demandas, restaurando a vida onde ela se encontra envenenada. "Recuperar a capacidade de honrar a experiência"[31] é também uma "liberdade de se deixar intrigar pelo entorno e de se tornar capaz de se responsabilizar por ele."[32]

Se a etimologia de *Trieb*[33] impele a um movimento de deriva pulsional, um fluxo de *rivus*, é possível pressentir

---

28. Alyne Costa, *Cosmopolíticas da terra: modos de existência e resistência no Antropoceno*. Tese de doutorado. Rio de Janeiro: Pontifícia Universidade Católica do Rio de Janeiro, 2019, p. 153.
29. *Reativar o animismo*. Belo Horizonte: Chão de Feira, Cadernos de Leitura, n. 62, pp. 1–15, 2017.
30. "Reativar a feitiçaria e outras receitas de resistência: pensando com Isabelle Stengers". *Revista do Instituto de Estudos Brasileiros*, n. 69, pp. 338–360, 2018.
31. Ibid.
32. Alyne Costa, op. cit., p. 241.
33. Sobre a tradução de *Trieb* como "pulsão" e outras escolhas, ver Ta-

outra sensibilidade partilhada, humífera, terrestre, capaz de, mesmo diante da vertigem, "jogar o jogo do mundo".[34] Achille Mbembe lembra que, "em sua vertente noturna, a modernidade terá sido, do começo ao fim, uma guerra interminável travada contra o vivo [...]".[35] O filósofo convoca a um movimento de restituição do vivente, incluindo a biosfera, do espaço e da energia que necessita: o direito universal à respiração. Desde as ruínas de um projeto civilizatório hegemônico, aprendemos a respirar e a nos metamorfosear com as bruxas e as sapucaias, encontrando formas de responder à atenção que o convívio cosmopolítico convoca.

É manhã.

vares, "As *derivas* de um conceito em suas traduções: o caso do Trieb freudiano". *Trabalhos em Linguística Aplicada*, v. 50, n. 2, 2011. As "derivas" de um conceito em suas traduções: o caso do *Trieb* freudiano.
34. Aimé Césaire, *Diário de um retorno ao país natal*, trad. bras. Lilian Pestre de Almeida. São Paulo: Edusp, p. 65, 2021.
35. Achille Mbembe, "O direito universal à respiração", trad. bras. Ana Luiza Braga. In: *Pandemia crítica: outono 2020*. São Paulo: n-1 edições, 2021, pp. 121-127.

Sol do sertão (c. 1961), Cacilda Teixeira De Vincenzi. Tapeçaria em algodão, 126 x 88 cm. Fotografia de Ana Luiza Braga.

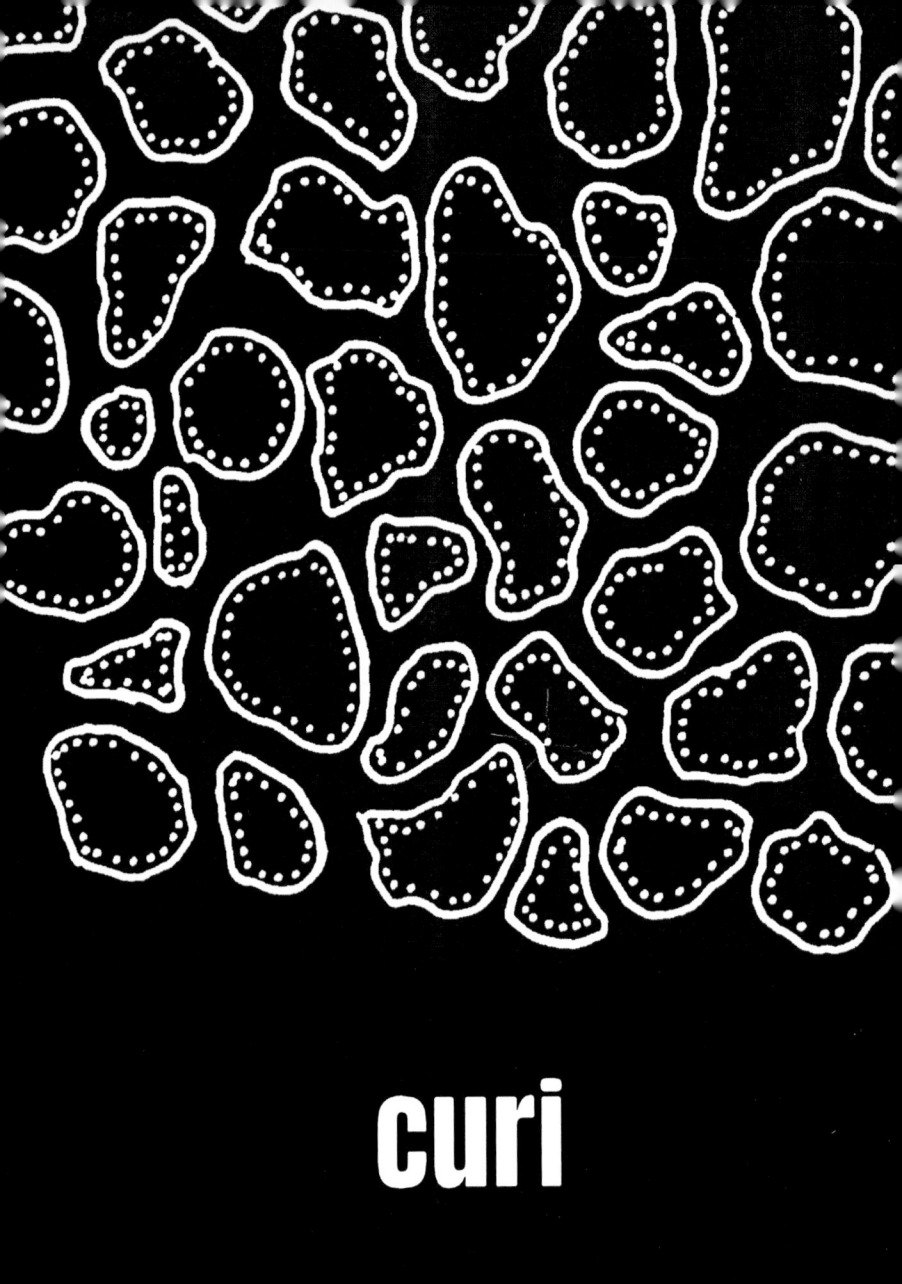

curi

É manhã. Percorro a sombra[1] da mata com os olhos em busca dos pinhões que as gralhas deixaram na serrapilheira. Caminho em curvas e vou suspendendo os ramos agudos com cautela, para que não se metam debaixo das unhas. As sementes robustas recolho no oco do chapéu de palha, afeito ao que abunda na floresta. O que cede ao toque são cascas, película em forma de asa. Quando o outono finda e as pinhas estouram ao sol do meio-dia, é possível ouvi-las fragmentar em voo por entre as copas das árvores, até sua aterrissagem no macio que recobre o solo. Parece o som de água.

---

1. As florestas secundárias da atual Mata Atlântica viveram séculos de degradação colonial e em muito diferem de *ka'á-eté*, a floresta originária tupi: "são formações jovens com predomínio de árvores finas, com poucos estratos de árvores e arbustos abaixo do dossel, esvaziadas de sua fauna e já despidas dos grandes exemplares. Podem ser consideradas *sombras* da floresta original" (Ricardo Cardim, *Remanescentes da mata Atlântica: as grandes árvores da floresta original e seus vestígios*. São Paulo: Olhares; Museu da Casa Brasileira, 2018, p. 15).

As araucárias são mais antigas do que as flores.² Remanescem de ancestrais que mutaram há centenas de milhões de anos, quando os continentes eram um. Acontecimentos da magnitude da irrupção de linhas tectônicas, eras glaciais e ondas migratórias de predadores do norte se sucederam, transtornando o relevo. A cada perturbação atmosférica ou relacional, a floresta de coníferas se retraía e se recompunha em novos povoamentos.

Temperamento pioneiro³ avança sobre o que não é floresta; assim curi⁴ ganhou sul, em mestria de estratégias vitais. Aprendeu a puxar água longa ao contrário, da folha para a seiva, condensando a chuva coletiva.⁵ Conheceu gelo

---

2. As angiospermas (dentre os significados de *angios*, "urna") antecederam as gimnospermas (de *gimnos*, "nu"), as plantas floríferas. Seus feixes de folhas se dispersam e recebem o pólen através do vento. Quando fertilizados, os pinhões se desenvolvem sem uma polpa exterior para proteção.
3. "Pioneirismo" é uma atribuição botânica dada a espécies vegetais que ocupam áreas desmatadas ou campos naturais, gerando condições para o aparecimento de outras. No caso das araucárias, isso se dá por meio do sombreamento oferecido por sua extensa copa e pela atração que os pinhões exercem sobre pássaros e outros agentes dispersores de sementes.
4. "Curi" deriva de *kur'y*, nome guarani da espécie *Araucaria angustifolia* (Bertol.) Kuntze, característica da floresta ombrófila mista da região subtropical úmida do Brasil, cuja primeira descrição botânica data de 1820, a partir de uma árvore coletada pelo naturalista europeu Antonio Bertolini no morro do Corcovado, no Rio de Janeiro.
5. Em períodos de seca, a araucária absorve a umidade do ar pelas folhas, distribuindo-a como seiva elaborada para as demais partes da árvore. Sua copa funciona como um núcleo de condensação, possibilitando a ocorrência de chuva dentro das áreas florestais. Ao descrever

e fogo ao cunhar chão e gozar na coivara,[6] junto com paca, cotia, quati, macaco, veado, gambá. Fez uso da promiscuidade metabólica para existir e chegar a ser presença derradeira.[7]

as abundantes Araucárias às margens dos rios Tibagi e Iapó, no Paraná, Saint-Hilaire registrou que a copa dessas árvores constituía o próprio dossel da floresta: "Algumas araucárias se alçam isoladas pelo campo, ostentando o seu porte majestoso; mais frequentemente elas confundem-se com outras árvores, nos bosques sombrios do fundo dos vales e das margens dos rios. [...] Olhando para trás, vimos a encosta abrupta que acabávamos de descer e que, à direita, se revestia de pedras totalmente escuras, ao passo que em outros pontos se cobria de árvores e arbustos, em que predominava a sombria *Araucaria*" [*Viagem pela comarca do Curitiba* (1820), trad. bras. Carlos da Costa Pereira. São Paulo: Companhia Editora Nacional, v. 315, 1964, p. 123].

6. A coivara é uma tecnologia de regeneração florestal que coordena as atividades agrícolas e os ciclos sazonais, os regimes de chuva, a cobertura vegetal e a qualidade do solo, tradicionalmente envolvendo derrubadas e queimadas periódicas, alternadas com pousios florestais de longa duração. Em relação às florestas de araucária, identificou-se uma dependência do fogo pela espécie, que teria sido capaz de regenerar suas populações após perturbações em grande escala no tecido florestal, possivelmente a partir dos pinhões enterrados por coletores itinerantes. O espalhamento antropogênico das florestas de araucária se deu pela interação biocultural com povos da família linguística Jê, que ocuparam o Planalto Meridional da Mata Atlântica desde o início do Holoceno. Os pinhões e suas diversas formas de preparo também compõem as tradições culinárias, medicinais e comunitárias dos povos Kaingang e Xokleng-Laklãnõ (Eduardo Góes Neves, "Castanha, pinhão e pequi ou a alma antiga dos bosques do Brasil". In: Joana Cabral de Oliveira et al. (org.). *Vozes vegetais: diversidade, resistências e histórias da floresta*. São Paulo: Ubu, 2020, p. 118).

7. A araucária é classificada como uma espécie em risco crítico de extin-

Humanos vieram pelo norte e por ilhas emergentes no oceano. Quatrocentas gerações ocuparam as zonas de encontros bióticos entre a mata e o rio, servindo-se entre antas, catitus, peixes e os pinhões, que trançaram pelos peabirus.[8] À sombra longeva dos pinheiros se associaram imbuia, xaxim, canela, angico e lobo-guará, entre outras curadorias vitalícias.[9]

Nó de curi queima com vagar e se fez massa lenhosa para espírito de fincar bandeira. Carbonizou-se e se li-

ção pelo Ministério do Meio Ambiente e pela União Internacional pela Conservação da Natureza. Estima-se que a floresta de araucária cobria duzentos mil quilômetros quadrados, tendo diminuído em 97% no século xx, com perda de metade de sua variabilidade genética. Da vegetação atlântica sobrevivem menos de 7,5% de sua extensão original (Robinson et al. "Uncoupling human and climate drivers of late Holocene vegetation change in Southern Brazil". *Nature: Scientific Reports*, 2018, 8: 7800, p. 3).

8. O Peabiru foi um caminho indígena determinante para o contorno de cidades e estados brasileiros, tendo sido fundamental na disseminação das araucárias e do legado cultural ligado aos pinhões no Sudeste, valorizados por seu alto teor proteico e variados usos medicinais. A expansão da floresta ombrófila mista e das florestas de araucária no sul do país e nas terras altas da Mantiqueira coincide com a ocupação de grupos indígenas autônomos, principalmente falantes de idiomas do tronco linguístico Macro-Jê. Nessas regiões viviam os povos Puri, Maritong, Copacanique, Tamprun, Sasaricon e outros, chamados pelos europeus de Tapuia, como designavam as populações com culturas e línguas diferentes dos povos do litoral. Corroborando outras pesquisas nesse sentido, estudos arqueológicos apresentam um contra-argumento incontornável às políticas de conservação que desconsideram o valor ecológico de métodos agrícolas ditos tradicionais (Robinson et al., op. cit., 2018).

9. A araucária é considerada uma "planta enfermeira", pois permite diversas associações vegetais e animais, atrai aves e dispersores de sementes que promovem a reocupação do entorno por outras espécies de árvores e favorece a regeneração de áreas degradadas.

quidificou na faina urbanizadora,[10] hoje sobrevive no manejo do coletor. Inefável é o esquecimento; o encontro com curi é fatalmente erótico.

⌒

É noite. Os pinhões que não foram para a terra serão torrados sobre ferro em brasa. Há diferentes modos de comer

---

10. Dos ciclos madeireiros na Mata Atlântica, cujo principal fator de exploração econômica foi a lenha das árvores primárias, destaca-se, além do pau-brasil, o da floresta de araucária no sul do país, voltado para construção civil, mobiliário e celulose, principalmente entre a Primeira Guerra e a década de 1970, com episódios de superprodução e apodrecimento de estoques, protagonizados por empresas como a Southern Brazil Lumber & Colonization Company [Eunice Nodari, *As fases da exploração madeireira na floresta com araucária e os progressivos avanços da indústria madeireira sobre as florestas primárias (1870-1970).* Anais do Simpósio Internacional de História Ambiental e Migrações, UFSC, pp. 707-726, 2010]. Apesar de o corte ser proibido por lei, as populações de araucária ainda são afetadas por desmatamento, urbanização, monoculturas de pinheiro, soja e milho e pela construção de usinas hidrelétricas. Em 2005, o governo brasileiro aprovou (dentre outras) a criação da usina hidrelétrica de Barra Grande, administrada pela empresa Baesa, na divisa dos estados de Santa Catarina e Rio Grande do Sul. A instalação alterou irreversivelmente o rumo do rio Pelotas, inundando uma área de aproximadamente oito mil hectares onde vivia um dos fragmentos de floresta ombrófila mista mais biologicamente abundantes e bem-preservados do país, incluindo a floresta de araucárias. A eliminação da floresta resultou na extinção, documentada, das condições climáticas de existência *in situ* da bromélia *Dyckia distachya* (Miriam Prochnow [org.], *Barra Grande: A hidrelétrica que não viu a floresta.* Curitiba: Apremavi, 2005) e no desterro irreversível de seus habitantes humanos e não humanos.

iba,[11] artifícios que a sazonalidade alimentar caipira cultiva. Costumo abocanhar a semente cozida ainda quente, equilibrando-a pela base com os dentes da frente, o polegar e o indicador, numa espécie de *mudra* ou beijo. Então mordo incisivamente, até que a semente irrompa da casca e seja expelida, como um óvulo, diretamente sobre a língua.

---

11. Semente de *Araucaria angustifolia* em tupi.

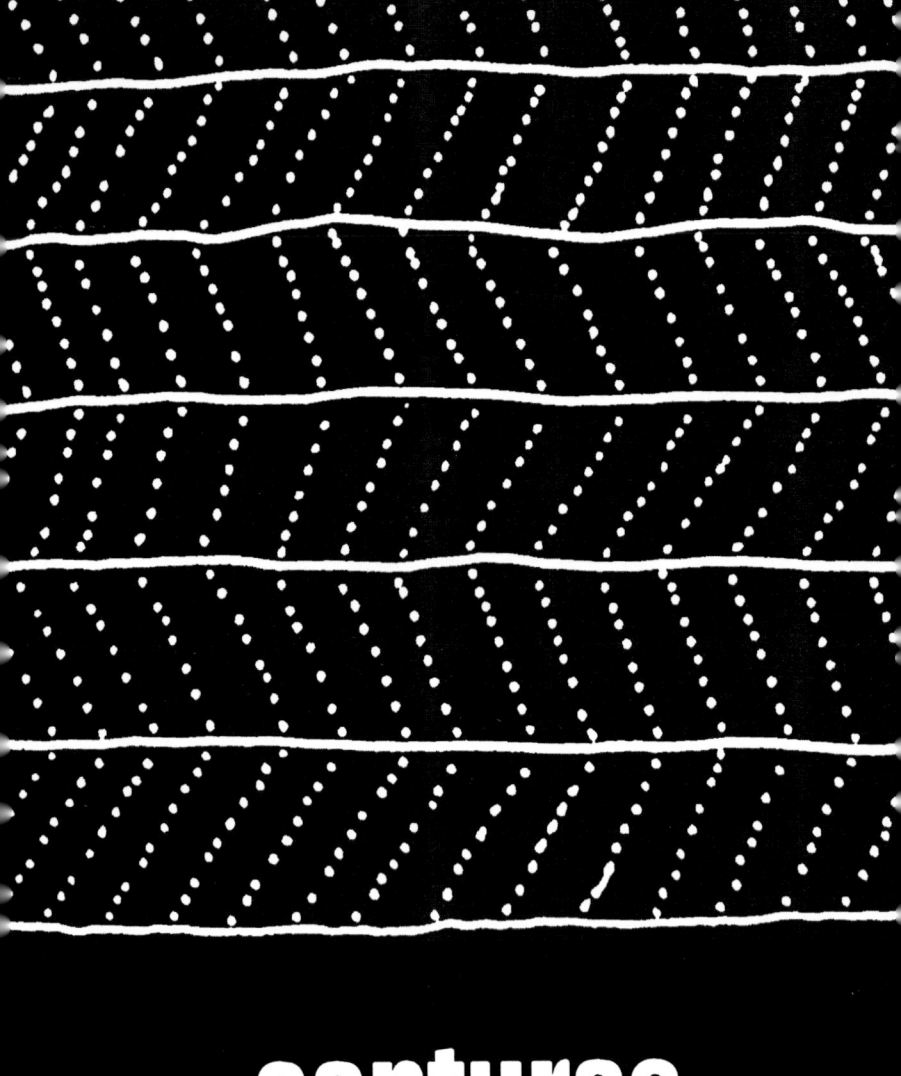

capturas

> a morte é um pássaro ferido
> [...] a morte expira numa branca poça de silêncio.
>
> *Diário de um retorno ao país natal*
> AIMÉ CÉSAIRE

No livro *Ideias para adiar o fim do mundo*, Ailton Krenak retoma uma questão fundamental de La Boétie para interrogar a separação entre natureza e política sobre a qual se assenta a noção de sustentabilidade. Krenak pergunta: "O que é preciso sustentar? [...] Será que não estamos sempre atualizando aquela nossa velha disposição para a servidão voluntária?".[1]

O conceito de desenvolvimento sustentável começou a ser delineado na segunda metade do século xx, na sequência do lançamento do Programa das Nações Unidas para o Desenvolvimento (PNUD), que equivalia o desenvolvimento a indicadores de crescimento econômico nacional, tendo no produto interno bruto *per capita* seu referente mais expressivo. A primeira grande cúpula internacional, a Conferência das Nações Unidas sobre o Meio Ambiente Humano (UNCHE),

---

1. Ailton Krenak, *Ideias para adiar o fim do mundo*. São Paulo: Companhia das Letras, 2019, p. 8.

teve lugar em Estocolmo, em 1972, com o objetivo de propor meios para conciliar o "crescimento econômico e a conservação ambiental",[2] então entendida imprecisamente como a capacidade de um ecossistema de absorver distúrbios ambientais, a fim de atender as necessidades e aspirações humanas.[3]

O evento havia sido proposto pelo governo sueco ainda em 1969, mas só encontrou receptividade para sua realização após a repercussão do "desastre" de Minamata, no sul do Japão, quando se tornou público que centenas de pessoas e incontáveis viventes e ecossistemas haviam sido envenenados por metilmercúrio e outros dejetos contendo metais pesados, despejados sem tratamento no rio que deságua na baía de Minamata. As substâncias eram utilizadas desde 1932 como catalisadores na produção de acetaldeído e PVC da corporação Chisso, também fabricante de fertilizantes químicos. A contaminação em massa pela cadeia alimentar levou décadas para aparecer na forma de sintomas neurológicos e congênitos na população de pescadores da ilha de Kyushu, tendo sido inicialmente reconhecida no movimento errático dos "gatos dançantes" e no voo cego dos pássaros, que perdiam a coordenação

---

2. Ver *Report of the United Nations Conference of the Human Environment*, 1972.
3. Esta era a definição de desenvolvimento sustentável adotada pela Comissão Brundtland (CMMAD) no relatório *Nosso futuro comum*, de 1987, referendado pela Assembleia Geral da ONU: "um processo de transformação no qual a exploração dos recursos, os investimentos, o desenvolvimento tecnológico e as mudanças institucionais reforçam o potencial presente e futuro a fim de atender às necessidades e aspirações humanas".

motora e caíam no solo. Uma análise química dos dejetos revelou que havia 2 kg de mercúrio por tonelada de sedimento, um nível alto o suficiente para viabilizar financeiramente sua mineração. Com efeito, após se tornar a primeira empresa a ser responsabilizada judicialmente por um crime ecológico, a Chisso montou uma subsidiária para revender o mercúrio recobrado do lodo tóxico da baía.[4]

Data também de 1972 (um ano antes da primeira grande "crise" do petróleo) a publicação do relatório *Limits to growth*, tese de um grupo internacional de cientistas e pesquisadores, vinculados ao Massachusetts Institute of Technology (MIT), que apontava para a impotência do progresso tecnocientífico diante do forçoso esgotamento ambiental e energético, antevendo alterações climáticas e conflitos sociais intensificados no século seguinte. O texto foi rejeitado na reunião preparatória para a conferência, realizada em Founex, na Suíça, convocada por Maurice Strong, empresário canadense da indústria de extração de petróleo e minérios, então secretário-geral das Nações Unidas. Apesar de assinalar a extensão do dano causado pelo

---

[4]. Um projeto de dragagem da lama contaminada foi financiado pela Câmara de Kumamoto e pela corporação Chisso (hoje JNC, fabricante de cristal líquido), a um custo de 48,5 bilhões de ienes. Os níveis de mercúrio nos peixes e mariscos no local foram considerados seguros para consumo apenas em 1997. O último processo judicial movido por pessoas afetadas que não haviam aceitado as ofertas de indenização anteriores foi resolvido em 2004 com uma decisão da Suprema Corte japonesa, que reconheceu a responsabilidade administrativa do governo nacional e da Província de Kumamoto (Acervo O Globo).

excesso de produção e consumo, o relatório da reunião concluía que as raízes dos problemas ambientais estavam fincadas na pobreza e na própria falta de desenvolvimento dos países que compõem a periferia capitalista. "Em outras palavras, são problemas da pobreza urbana e rural",[5] supostamente superáveis pelo próprio desenvolvimento das nações subdesenvolvidas, que limitariam seu crescimento após atingirem um idealizado patamar, identificado com os indicadores socioeconômicos de países nórdicos.[6]

A noção de sustentabilidade se popularizou na década de 1990 com a Conferência das Nações Unidas para o Meio Ambiente e o Desenvolvimento. A ECO-92 foi o segundo grande encontro convocado pela Assembleia Geral das Nações Unidas, congregando representantes de aproximadamente 170 países no Rio de Janeiro. O encontro ocorreu no contexto de implementação do Plano Collor, que abriu caminho para o atual modelo de acumulação e financeirização globalizada por meio de reformas fiscais, liberação ao fluxo de investimento estrangeiro direto, ampliação do comércio internacional e

---

5. José Carlos Barbieri, *Desenvolvimento sustentável: das origens à Agenda 2030*. Petrópolis: Vozes; Coleção Educação Ambiental, 2020, p. 39.
6. Josué de Castro esteve presente na UNCHE, ocasião em que denunciou a falácia desenvolvimentista e sua relação intrínseca com a fome endêmica. Para uma análise sobre a relação entre o subdesenvolvimento e o sistema capitalista internacional até 1960, ver Walter Rodney, *Como a Europa subdesenvolveu a África*. Lisboa: Seara Nova, 1975.

privatização e desregulamentação generalizadas da economia, com base nas recomendações do Consenso de Washington (leia-se Fundo Monetário Internacional, Banco Mundial etc.).

A cúpula de 1992 destacou-se das anteriores pela intensa mobilização de movimentos sociais, entidades da sociedade civil e organizações não governamentais. Representantes de povos indígenas denunciaram a responsabilidade histórica dos países colonizadores pela devastação mundial, reclamando a demarcação de terras originárias no país e recriando gramáticas políticas de aliança e oposição após a redemocratização. Houve também grande empenho de organizações ambientalistas e da comunidade científica, fundamentadas pelas evidências do Painel Intergovernamental sobre Mudança do Clima (IPCC), órgão criado em 1988 pela Organização Mundial de Meteorologia com o objetivo de ampliar o conhecimento científico sobre as mudanças climáticas. Acordou-se, por fim, que os países periféricos receberiam apoio tecnológico e financeiro para alcançar um "desenvolvimento sustentável", comprometendo-se a futuramente reduzir seus padrões de consumo e o uso de combustíveis fósseis.

Foram firmados 36 documentos e planos de ação pelas organizações presentes, dentre eles, a Declaração do Rio de Janeiro, que, apesar de aportar novos temas, reafirma a declaração de 1972 em seu preâmbulo,[7] além da Agenda 21, receituário não mandatório que se esquivava da ques-

---

7. Estabeleceu-se o "princípio das responsabilidades comuns", porém diferenciadas, pelo qual "países desenvolvidos reconhecem a responsabilidade que têm na busca internacional do desenvolvimento

tão da dívida externa, pouco previa sobre o uso da terra e, finalmente, não chegou a sair do papel. O Protocolo de Kyoto, de 1997 (em vigor no Brasil somente a partir de 2005), legitimaria as disparidades entre Norte e Sul globais numa visão "produtivista", que ignora a existência do comércio internacional e a discrepância significativa na quantidade de emissões contidas nas importações e exportações de cada país. Esse marco estimulou a migração de atividades de consumo energético mais intensivo para locais com menos restrições de emissão; um efeito que foi chamado de "vazamento" ou "fuga de carbono" (*carbon leakage*) – um *spill-over effect*, na legibilidade econômica daqueles que defendem uma governança mais equitativa de um espaço de carbono abstrato e global, ainda outra forma molecular de comodificação. Assim, os países centrais ao capitalismo neoliberal e financeiro impulsionaram a adoção de um modelo de "economia verde com inclusão", que estende a mercantilização do carvão aos demais processos, funções e elementos vitais e terrestres, como o ar e a água.

No encalço do consenso científico e da crescente sensibilização pública sobre as palpáveis evidências da ruptura climática, o termo "sustentabilidade" foi sendo apropriado por *think tanks* e por uma ampla gama de discursos e lemas publicitários, passando a exprimir vagas ambições de con-

---

sustentável em vista de pressões exercidas por suas sociedades sobre o meio ambiente global e das tecnologias e recursos financeiros que controlam". Ver *Declaração do Rio de Janeiro*.

tinuidade, durabilidade e perenidade.[8] Consolidou-se um emprego metafórico do termo,[9] que geralmente designa a adesão de uma empresa, um grupo ou um indivíduo a supostos códigos socioambientais na produção, comercialização e consumo de produtos e serviços. Não causa surpresa que esse entendimento, que se mostrou bastante rentável nos últimos trinta anos, tenha coincidido com o "*boom* das commodities" do ciclo neoextrativista na América Latina[10] – quando governos progressistas negaram ou minimizaram as discussões sobre as reais implicações e iniquidades do modelo extrativista-exportador, criminalizando as demandas de democratização das decisões de populações afetadas. Mais grave ainda, aponta Maristella Svampa: multiplicaram os grandes empreendimentos mineradores e as megarrepresas, ao mesmo tempo que ampliaram a fronteira petrolífera e agrária por meio da monocultura, da grilagem de terras e da destruição de territórios indígenas, quilombolas e

---

8. Para críticas ao antropocentrismo na bibliografia sobre sustentabilidade, bem como à invisibilização dos processos terrestres e suas escalas temporais, ver "Uma ameaça à ressurgência holocênica é uma ameaça à habitabilidade" em Tsing (2019).
9. José Eli Veiga, *Sustentabilidade: a legitimação de um novo valor*. São Paulo: Senac, 2019.
10. Maristella Svampa (2020) caracteriza o neoextrativismo contemporâneo como um modelo de desenvolvimento econômico, sociopolítico e territorial baseado na superexploração de bens naturais primários, escassos e não renováveis para exportação em grande escala e na expansão das fronteiras de exploração para territórios anteriormente considerados improdutivos pelo capital.

tradicionais.[11] Operaram, assim, a legitimação de um imaginário caracterizado pela "ilusão desenvolvimentista": a ideia de que, graças às oportunidades oferecidas pelo novo auge das commodities e pelo papel ativo do Estado na aceitação da atual divisão internacional do trabalho, seria possível alcançar o almejado desenvolvimento.[12]

⌒

Como lembra Dipesh Chakrabarty, a história da globalização coloca os seres humanos no centro para narrar como se forjou um sentido humano para o globo como uma entidade a ser governada por nós mesmos, incorporando essa prática antropocêntrica e antropológica de representação.[13] A reveladora noção de "meio ambiente humano", presente no título

---

11. Maristella Svampa, *As fronteiras do neoextrativismo na América Latina: conflitos socioambientais, giro ecoterritorial e novas dependências*. Rio de Janeiro: Elefante, 2020.

12. Svampa (ibid.) recorda que o desenvolvimentismo produziu grandes desastres no Brasil, como o incêndio florestal no Paraná, em 1963, que atingiu 10% da área do estado e matou cem pessoas; e a explosão do duto da Petrobras na Vila Socó, em Cubatão, que vitimou 103 pessoas em 1984. A autora recorda que a devastação ambiental cresceu enormemente com as políticas neoextrativistas implementadas por todos os governos brasileiros desde o final da ditadura. O rompimento da barragem de rejeitos da Samarco, em Mariana, responsabilidade do consórcio entre Vale e BHP Billiton, em 2015, assassinou o rio Doce, e o rompimento da barragem da mina do córrego do Feijão, também da Vale, em Brumadinho, um dos mais letais do mundo, são os episódios mais emblemáticos.

13. Dipesh Chakrabarty, *O planeta: uma categoria humanista emergente*, trad. bras. Gabriela Baptista. Rio de Janeiro; Copenhague: Zazie, 2020, p. 16.

daquela primeira conferência, já manifestava o paradigma a partir do qual as catástrofes socioambientais vêm sendo consideradas por seus responsáveis; ou melhor, "nossos responsáveis",[14] para Isabelle Stengers — os Estados e as corporações multinacionais, "guardiões da razão e do progresso",[15] a quem delegamos nossa capacidade de pensar sobre as urgências que nos concernem. A paradoxal premissa de sucessivos acordos intergovernamentais, tratados, protocolos, metas de cortes de emissões, planos de ação e declarações de princípios não vinculantes viabilizou a intensificação dos processos extrativistas de acumulação de capital na Terra, concebendo viventes e não viventes como reservas de recursos para a brutal exponencialização da exploração econômica.[16]

As consequências dessa lógica de pilhagem se manifestam no *brutalismo* dos processos contemporâneos pelos quais "o poder agora se constitui, expressa-se, reconfigura-se, age e se reproduz como força geomórfica",[17] incluída a dimensão

---

14. Isabelle Stengers, *No tempo das catástrofes: resistir à barbárie que se aproxima*, trad. bras. Eloisa Araújo Ribeiro. São Paulo: Cosac Naify, 2015, p. 23.
15. Ibid., p. 54.
16. O conjunto de Objetivos de Desenvolvimento Sustentável (ODS) publicado pela ONU, em 2015, apesar de incluir avanços em relação a seus predecessores, como a inclusão de direitos sexuais e reprodutivos e o reconhecimento da necessidade de mitigação da desigualdade entre países do Norte e do Sul globais, segue promovendo um modelo político-econômico que prioriza o crescimento econômico, perpetuando a pobreza e a desigualdade. A esse respeito, ver *Feminist Critiques of the Sustainable Development Goals* (2017).
17. Achille Mbembe, "O direito universal à respiração", trad. bras. Ana Luiza Braga. In: *Pandemia crítica: outono 2020*. São Paulo: n-1 edições, 2021, p. 126.

de toxicidade que afeta mormente os "corpos de fronteira", expostos ao esgotamento físico e a riscos biológicos. Esse *brutalismo* remete à fisicalidade dos processos de fissuração, fraturamento, perfuração e enxugamento das veias, próprios à Grande Aceleração pós-1950 – quando as forças políticas, econômicas e epistemológicas do capital adquiriram uma capacidade de destruição até então inigualável, reproduzindo territórios onde os massacres não são criminalizados. Mbembe recorda que o extermínio de habitats segue inabalável, expondo populações a novos agentes patógenos diariamente, minando comunidades, espécies, terras e formas de existir. Neste presente de pandemias, genocídios, extinções, guerras e depleção de ecossistemas, tornou-se explícita a contribuição de sucessivos acordos intergovernamentais e corporativos para a prevalência de um modelo civilizatório que produz morte e miséria em escala global, despojando irreparavelmente humanos e não humanos.

Svampa alerta que o neoextrativismo não é mais uma fase do desenvolvimento capitalista nem um problema de certas economias ditas subdesenvolvidas, mas um traço estrutural desse sistema produtivo como economia-mundo, produto histórico e geopolítico da hierarquização entre territórios coloniais e metrópoles imperiais, onde aqueles são concebidos como espaços para saque e apropriação destas.[18] Ao conjugar a rentabilidade e a criação de nichos

---

18. Maristela Svampa, *As fronteiras do neoextrativismo na América Latina*, op. cit.

de mercado, porém, a ideia de sustentabilidade promete a possibilidade abstrata de gestão de "crises" em uma conjuntura insustentável, omitindo o espólio material e imaterial e a distribuição desigual de vulnerabilidade[19] que seu raciocínio econômico marcadamente capitalístico implica. Opera-se, assim, uma confusão deliberada entre produção e extração, uma vez que elementos básicos como a polinização, os ciclos da água e outros processos insubstituíveis para a manutenção da vida são sistematicamente invisibilizados e exauridos pelo modelo político-econômico vigente, como são os sujeitos periféricos, racializados e feminizados de cujo trabalho não remunerado depende o que se convencionou como a esfera econômica produtiva.[20]

No campo da economia do desejo, Shaula Sampaio e Belinaso Guimarães descrevem o funcionamento de um "dispositivo da sustentabilidade", que opera por meio de múltiplos agenciamentos de enunciação, reengajando os sujeitos na contínua fabricação de um mundo-mercado – que agora deverá ser *eco*.[21] Interpelados por discursos legais, institucionais, governamentais, midiáticos, escolares e de movimen-

---

19. Judith Butler, *Corpos em aliança e a política das ruas*. Rio de Janeiro: Civilização Brasileira, 2018.
20. Para uma crítica da relação entre o patriarcado colonial e o trabalho de reprodução ecossocial que fundamenta os feminismos materialista e ecofeminista, ver Federici (2019).
21. Shaula Sampaio e Leandro Belinaso Guimarães, "O dispositivo da sustentabilidade: pedagogias no contemporâneo". *Perspectiva*, v. 30, n. 2, 2012, p. 401.

tos sociais, "os sujeitos são convocados a ingressar nessas redes de significado e a contribuir para a constituição de um *ethos* sustentável, cada vez mais socialmente reconhecido e valorizado",[22] reiterando as relações de usurpação macro e micropolíticas envolvidas. As linhas de subjetivação desse dispositivo contribuem à produção de "consumidores dotados de boa consciência ecológica", uma vez que "ser *verde*", hoje, "é estar *ligado* ao seu tempo".[23] Essa operação de captura se desdobra ainda em ideais individualistas, racistas e elitistas, que criam novos marcadores de pertencimento enquanto regulam e espoliam as bases materiais da vida, associando continuamente a condição de existente à prerrogativa de um mercado em expansão lucrativa.

Suely Rolnik intervém: a gestão do inconsciente sob o regime colonial racializante é insistentemente reorientada para a recomposição de paisagens subjetivas, sociais e ambientais a serviço da acumulação de capital narcísico, econômico e político, sufocando a potência de transfiguração de formas que poderia dissolver os elementos da cartografia em que a vida se encontra asfixiada.[24] A imaginação capturada produz ideias inadequadas, em uma operação de sobrecodificação que confina o desejo a reagir a figuras individualizantes e homogeneizantes, justificando a recusa em participar na reabilitação de ecologias e economias do presente.

22. Ibid., p. 403.
23. Ibid., p. 402.
24. Suely Rolnik, *Esferas da insurreição: notas para uma vida não cafetinada*. São Paulo: n-1 edições, 2018.

A ação neutralizadora de mecanismos que capturam pela aparente positividade também é apontada por pensadoras de outros territórios onde a multiplicidade radical de mundos se insinua. Silvia Rivera Cusicanqui acusa a apropriação do "originário" pelas elites bolivianas, que celebram o multiculturalismo como forma de ontologização do ser andino na episteme do colonizador, negando a coetaneidade de "sua pulsão descolonizadora"[25] e sua modernidade própria. Com val flores, sabemos que a retórica da diversidade serve como instrumento de normalização e apagamento das dissidências sexuais, em uma tentativa de gestão de um campo virtual onde as identidades subalternas seriam reunidas, com a finalidade de redefinir o estatuto da cidadania.[26] Para flores, os arquétipos das democracias liberais destituem a heterogeneidade ao definir os limites das formas concebíveis e representáveis, comodificando a alteridade pela apropriação neocolonial e romântica de sua diferença. A reprodução de categorias universalizantes, uma "hermenêutica de outrificação",[27] pressupõe a relação reificadora da modernidade ocidental com as outredades fabricadas para consumo próprio.

---

25. Silvia Rivera Cusicanqui, *Ch'ixinakax utxiwa: uma reflexão sobre práticas e discursos descolonizadores*, trad. bras. Ana Luiza Braga e Lior Zisman Zalis. São Paulo: n-1 edições, 2021, p. 97.
26. val flores, *Interrupciones: ensayos de poética activista*. Neuquén: La Mondonga Dark, 2013, p. 308.
27. Ibid., p. 303.

É possível, no entanto, driblar certas condições de enunciação para ressignificar categorias administráveis da colonialidade, ainda que por meio de "cumplicidades subversivas", entendidas como "estratégias de resistência e subsistência dentro de uma relação de poder hierárquico e desigual".[28] Nesse sentido, a noção de sustentabilidade tem sido pensada de modo crítico e fecundo por pensadoras em muitos campos: a economista feminista Amaia Pérez Orozco defende a "sustentabilidade da vida",[29] considerando a amplitude dos processos e trabalhos necessários para sua manutenção, além da necessidade de constante mapeamento das dimensões heteropatriarcais que estruturam a noção hegemônica de vida que merece ser sustentada. Tim Ingold, por sua vez, entende a sustentabilidade como a capacidade de perdurar coletivamente, enquanto a variante "sustentação" (*sustainment*),[30] sugerida por Arturo Escobar, aponta para a necessidade de criação de estruturas coletivas de cuidados. Finalmente, Anna Tsing ressalta a urgência de se levar o termo realmente a sério, insistindo que uma sustentabilidade significativa demanda o alinhamento humano

---

28. Ramón Grosfoguel, "Descolonizar as esquerdas ocidentalizadas: para além das esquerdas eurocêntricas rumo a uma esquerda transmoderna descolonial". *Revista Contemporânea*, Dossiê Saberes Subalternos. v. 2, n. 2, jul–dez. 2021, p. 352.
29. Amaia Pérez Orozco, *Subversión feminista de la economía: aportes para un debate sobre el conflicto capital-vida*. Madri: Traficantes de Sueños, 2014.
30. Arturo Escobar, *Designs for the Pluriverse: Radical Interdependence, Autonomy and the Making of Worlds*. Durham: Duke University Press, 2017, p. 207.

à dinâmica de ressurgimento de múltiplas espécies, isto é: a participação das pessoas na "reconstrução de paisagens habitáveis através das ações de muitos organismos".[31]

Essas contribuições entreveem, além do dispositivo da sustentabilidade, diversas linhas de invenção eticamente implicadas na contínua tessitura das relações de reciprocidade terrena. No entanto, como na síntese de Krenak, se o mito da sustentabilidade foi inventado por corporações para justificar o assalto que fazem à relação com (aquilo que chamamos de) a natureza,[32] será necessário fabricar e recompor outras ferramentas – que não as do senhor[33] – para prosseguir ao desmonte da gramática que estrutura sua economia-mundo.

↫

O texto final da Convenção de Minamata foi aprovado em 2013, tendo sido ratificado por 140 países desde então, inclusive o Brasil, estabelecendo restrições ao uso de mercúrio e seus compostos em processos industriais. A substância, porém, é amplamente utilizada nas atividades de garimpo e mineração na região amazônica, em franca expansão desde o início do governo de Jair Bolsonaro. Uma pesquisa realizada em 2019 pela Fundação Oswaldo Cruz e a Associação Indígena Pariri, que representa aldeias

---

31. Anna Tsing, *Viver nas ruínas: paisagens multiespécie no Antropoceno*, trad. bras. Rafael V. Devos et al. Brasília: IEB Mil Folhas, 2019, p. 225.
32. Ailton Krenak, op. cit., p. 9.
33. Audre Lorde, *The master's tools will never dismantle the master's house*. Londres: Penguin UK, 2018.

no Médio Tapajós, constatou que todas as catorze mil pessoas do povo Munduruku se encontram afetadas pelo contaminante devido à exposição contínua. Alessandra Korap Munduruku, presidente da Associação de Mulheres Indígenas Munduruku (Wakoborũn), e outras pessoas participantes das lutas de auto-organização e autodemarcação da Terra Indígena Sawré Muybu têm sofrido atentados frequentes no embate contra madeireiros e outros projetos de grande impacto socioambiental, como um grande complexo hidrelétrico e a Ferrogrão, ferrovia projetada para escoar commodities da região Centro-Oeste até os canais de exportação na região Norte, servindo ainda à importação de fertilizantes e outros derivados de petróleo.

Após negar o genocídio e o desmonte dos órgãos socioambientais na Cúpula do Clima, em 2021, condicionando a diminuição do desmatamento ao recebimento de recursos de cooperação internacional, o governo brasileiro e sua base no Congresso Nacional aceleraram o trâmite do Projeto de Lei nº 191/2020, que autoriza a exploração de recursos minerais, hídricos e orgânicos em áreas demarcadas, proibida pela Constituição Federal de 1988 (quando o Brasil reconheceu formalmente as populações indígenas e quilombolas como sujeitos de direitos). A guerra, a invasão e o aliciamento sistemáticos em terras indígenas e tradicionais tomam a forma de políticas institucionais terricidas,[34] de missões catequizadoras e da violência racista de Estado, ope-

---

34. Segundo o Movimento de Mulheres Indígenas pelo Bem Viver, terricí-

rantes há muito sob os lemas do desenvolvimento e do progresso. Recentemente, foram ainda agressivamente perpetradas pelo governo federal, sobretudo na figura do ex-ministro do Meio Ambiente Ricardo Salles, acusado de desestruturação normativa, orçamentária e fiscalizatória dos órgãos ambientais, franco em seu desejo por "passar a boiada".

Sabe-se, como no precedente da corporação Chisso, que há lucros e índices de produtividade perversos a serem extorquidos em toda parte, mesmo com impossíveis projetos de "despoluição" *a posteriori*.

dio é o extermínio sistemático de diferentes formas de vida, que envolve tanto a destruição do ecossistema tangível como a do ecossistema espiritual – genocídio, ecocídio, epistemicídio e feminicídio.

equívocos

Seria mais cômodo afirmar que outras espécies nessa planície sombria não podem desempenhar qualquer papel no teatro da história humana salvo o de cenário, mesmo quando a peça é sobre a eliminação do cenário. A natureza, ainda quando a ambição humana se volta contra ela, continua a ser um objeto. O pathos de Sísifo é totalmente seu, nenhum pathos é atribuído à sua pedra.

A ferro e fogo
WARREN DEAN

As práticas de conhecimento são também práticas de fazer mundo, recorda Marisol de la Cadena, evocando Marilyn Strathern.[1] Ao conjugar os conceitos de *equivocação*,[2] proposto por Eduardo Viveiros de

1. Marisol de la Cadena, "Human but not only: Comment on KOHN, E. How forests think: Toward an anthropology beyond the human". In: *Hau: Journal of Ethnographic Theory* [on-line], v. 4, n. 2, pp. 253-259, 2013.
2. A partir de uma análise do modo de comunicação entre povos da Amazônia brasileira, Viveiros de Castro ("Perspectival Anthropology and the Method of Controlled Equivocation". *Tipití: Journal of the Society for the Anthropology of Lowland South America*, v. 2, n. 1, 2004) propõe a equivocação como a relação que abriga "a alteridade referencial entre conceitos homônimos", com a qual entidades que povoam mundos distintos traduzem-se entre si; uma condição necessária aos encontros. Agradeço a Zoy Anastassakis pela proposta de discussão do artigo no contexto do programa *Humusidades*, em 2020.

Castro, e *dissenso*, ruptura nas formas do sensível descrita por Jacques Rancière,[3] a antropóloga insiste que os conceitos e as coisas são apenas parcialmente conectados, e que uma mesma palavra pode se referir a coisas diferentes, dependendo do mundo em que é proferida.

Cadena alude ao conflito inerente à defesa do território por parte dos povos amazônicos Awajun e Wampi diante da prerrogativa do Estado peruano de usurpar os "recursos naturais", impondo seu modelo proprietário de soberania e desenvolvimento.[4] Aqui, *território* poderia designar tanto um perímetro de terra sob jurisdição peruana quanto um conjunto maior de entidades singulares, que emergem continuamente por meio de práticas de vida Awajun-Wampi. Existe, assim, um dissenso no âmago da disputa que não encontra resolução na lei, pois uma relação em que as pessoas e o território emergem *de maneira conjunta* excede as possibilidades relacionais entre os seres humanos e a natureza moderna, extrapolando a partilha do sensível própria ao aparelho jurídico-estatal.

Sabe-se que há muito mais em jogo na luta das comunidades indígenas do que "uma mera defesa territorial, um protesto contra a expansão capitalista ou uma preocupação com o destino do meio ambiente"[5] – estão em jogo suas vidas,

---

3. Rancière, J. "O dissenso". In: *A crise da razão*. São Paulo: Companhia das Letras, pp. 367–382, 1996.
4. Marisol de la Cadena, "Human but not only". Runa International Biennial of Contemporary Art (RIBOCA2), 2021. Disponível on-line.
5. Ibid.

seus modos de habitar, cosmotécnicas[6] e modalidades de presença. Leni, liderança Awajun, ressalta o parentesco existencial, ancestral e cotidiano entre pessoas, o rio e a floresta: "Estamos falando de irmãos que matam nossa sede, que nos banham, que cuidam das nossas necessidades – esses irmãos são o que chamamos de rio".[7] O mal-entendido no equívoco, então, emerge "quando corpos que pertencem a mundos diferentes usam a mesma palavra e nomeiam entidades que não são as mesmas porque elas também, como os corpos que as nomeiam, pertencem a mundos diferentes".[8] O dissenso, portanto, resulta de um mal-entendido sobre as condições de nomeação de entidades em um mundo compartilhado.

Tal "dissenso de natureza ontológica"[9] sobre as condições de nomeação de um território e da sociabilidade mais que humana que o compõe, portanto, também se daria diante da retórica de defesa do meio ambiente, atrelada a operadores e ferramentas de análise estruturados na comensurabilidade dos objetos e na cognoscibilidade de um sujeito universalizado. Fiel à corrente humanista, a ecologia política tradicionalmente compreendeu os componentes da biosfera

---

6. Segundo Yuk Hui (2020), para cada narrativa sobre a origem da tecnicidade correspondem relações singulares entre técnicas, deuses, as pessoas e o cosmo.
7. Marisol de la Cadena, "Natureza incomum: histórias do antropo-cego", trad. bras. Jamille Pinheiro Dias. *Revista do Instituto de Estudos Brasileiros*, Brasil, n. 69, abr. 2018, p. 97.
8. Ibid., p. 100.
9. Marisol de la Cadena, "Human but not only", op. cit.

como uma natureza inerte a ser defendida pelo Homem, e não um emaranhamento contínuo de seres e processos. As noções modernas mobilizadas em discursos ambientalistas (como "meio ambiente", "direitos" e "biodiversidade") continuam a escavar "ausências ontoepistemológicas, que podem incluir a negação – às vezes benevolente, mas sempre imperativa – do que as excede ou as supera".[10] A noção de espécie humana seria igualmente incapaz de reconhecer outras formas de pessoalidade que não aquela atribuída ao indivíduo.

Na encruzilhada entre as demandas de existência de mundos que o Antropoceno busca aniquilar e o reconhecimento científico e jurídico-estatal das urgências sociais e ecológicas, Cadena descreve o antropocego (*anthropo-not-seen*): a presença pública de seres coletivos que a política ocidental moderna não é capaz de reconhecer, e que as disciplinas da biologia e da geologia não são capazes de exaurir.[11] O "não visto" (*not seen*) não se refere apenas a um regime de visibilidade,[12] mas mais precisamente a "uma condição de im-

---

10. Ibid.
11. Marisol de la Cadena, "Natureza incomum", op. cit.
12. Na história do campesinato negro no Brasil, embora fossem mantidas complexas redes socioeconômicas que articulavam os quilombos a diversos setores da economia colonial, a invisibilidade também era estratégica para a sobrevivência. Flávio dos Santos Gomes (*Mocambos e quilombos: uma história do campesinato negro no Brasil*. São Paulo: Claro Enigma, 2015, p. 28) narra que "muitos quilombos denunciados sequer foram encontrados. Sabia-se de sua existência, de suas práticas, de seus habitantes, de suas conexões mercantis e quiçá de sua localização, porém as tentativas de destruição eram inúteis, pois nada se encontrava".

possibilidade hegemônica, formulada historicamente".[13] São existências que afrontam a ordem colonial e seus termos secularizados na gramática política ocidental. O antropocego, assim, não trata da resistência dos seres humanos subalternos, excluídos e invisibilizados, mas da "desobediência do composto *pessoa-com-isso* com quem o humano (seja cristão ou moderno) não podia ser".[14] Monstruosas para o Estado, essas composições relacionais desobedecem aos postulados modernos de especiação e individuação, fissurando o "acervo de pressupostos"[15] da modernidade sobre aquilo que existe.

> De modo complexo, o antropocego inclui tanto o antropos "que anda ereto", incorporando a vontade autoconcedida de transformar o mundo em algo que se conhece, como o antropos desobediente, que compõe inerentemente com os outros e, portanto, não é apenas humano.[16]

Cadena identifica a "gramática da conversão" que opera tanto nas políticas neoextrativistas quanto nos discursos ambientalistas que se opõem a elas – a ordenação da linguagem que transforma o mundo em algo conhecido, convertendo entidades complexas em corpos individuais ou unidades da natureza, sobrepondo-se a "uma relação que a propriedade moderna não tem como sustentar, que

---

13. Marisol de la Cadena, "Human but not only", op. cit.
14. Ibid.
15. Mauro William Barbosa de Almeida, "Caipora e outros conflitos ontológicos". *Revista de Antropologia da UFSCAR*, v. 5, n. 1, 2013, p. 9.
16. Marisol de la Cadena, "Human but not only", op. cit.

inclui a capacidade de transformar-se com o coletivo".[17] A impossibilidade de dissociação absoluta entre terras, povos e territórios se manifesta, neste léxico, em uma "natureza incomum": um agenciamento de entes que "são uns com os outros, refratários à individuação".[18] Cadena relembra a sanha do frade espanhol Cristóbal de Albornoz, no século XVI, pela destruição das *guacas*, entidades que traduzia como montanhas idolatradas pelos indígenas. Suas práticas de extirpação de idolatrias impunham uma catequese da linguagem – a substituição de ecologias situadas por uma "gramática relacional teológica", uma das maneiras pelas quais "o Novo Mundo emergiu como um lugar habitado por seres humanos e uma natureza redimíveis, todas criações de Deus",[19] no processo civilizatório. Semelhante estratégia de produção de seres humanos e da natureza – "uma conversão que exclui qualquer outra versão"[20] – renovou-se ainda no século XX, com as políticas de perseguição estatal às práticas e identidades de matriz africana.

Ao compreender as noções científicas como acontecimentos históricos, Cadena recorre a uma pequena frase – "não só" – para realizar "aberturas ontoepistêmicas" diante daquilo que "a presença da afirmação imperativa (do

---

17. Ibid.
18. Ibid.
19. Ibid.
20. Vinciane Despret, *O que diriam os animais?*, trad. bras. Letícia Mei. São Paulo: Ubu, 2021, p. 288.

dado) torna ausente ou impossível".[21] Seu uso dessa negatividade[22] como ferramenta etnográfica, aprendida em conversas com Mariano e Nazario Turpo, serve de lembrança que o conhecimento é recursivo: "ele se revela ao tornar seus objetos (conceituais e materiais) por meio de procedimentos que precisam ser reconhecidos (como conhecimento) pela comunidade que o pratica".[23]

∽

A linguagem da conversão figura ainda no pensamento de Antônio Bispo dos Santos, que identifica a "cosmofobia"[24] dos colonizadores diante dos modos de vida dos povos pagãos, citados nas bulas papais como inimigos de Cristo e alvos de aniquilação. O tradutor do pensamento quilombista lembra que os colonizadores temiam a potência da "cosmovisão politeísta na elaboração de saberes que organizam as diversas formas de vida e resistência dessas comunidades, expressas na sua relação com os elementos da

---

21. Marisol de la Cadena, "Human but not only", op. cit.
22. Na síntese de Cadena ("Human but not only", op. cit.), trata-se de um modo de análise que Strathern usava para "levar em consideração a ausência (em Hagen, seu lugar de pesquisa) de certas categorias para então usar essa ausência para afetar sua análise ao *produzir contrastes dentro da nossa própria linguagem*".
23. Marisol de la Cadena e Mario Blaser (orgs.). *A world of many worlds*. Durham: Duke University Press, 2018.
24. Antônio Bispo dos Santos, *Colonização, quilombos: modos e significações*. 1. ed., Brasília: INCTI/ UNB, 2015, p. 31.

natureza".[25] Mestre Nêgo Bispo chama de "projetos de expropriamento"[26] os aparatos de contínua implementação da economia monocultora latifundiária ao longo do período democrático, que testemunhou a exponencialização da voracidade cosmofóbica sobre as terras de uso comum:

> O que podemos perceber é que essas comunidades continuam sendo atacadas pelos colonizadores, que se utilizam de armas com poder de destruição ainda mais sofisticado, numa correlação de forças perversamente desigual. Só que hoje, os colonizadores, ao invés de se denominarem Império Ultramarino, denominam a sua organização de Estado Democrático de Direito e não apenas queimam, mas também inundam, implodem, trituram, soterram, reviram com suas máquinas de terraplanagem tudo aquilo que é fundamental para a existência das nossas comunidades, ou seja, os nossos territórios e todos os símbolos e significações dos nossos modos de vida.[27]

Bispo compara os Estudos de Impacto Ambiental (EIA/RIMAS) de megaprojetos de expansão agrícola no estado do Piauí, promovidos pelo governo brasileiro e pelas empresas Suzano Celulose e Brasil Ecodiesel, a novas versões da carta de Pero Vaz de Caminha, relato notoriamente coisificador dos habitantes racializados da terra batizada de Vera Cruz. O propósito deliberado de tais estudos, para Bispo, é excluir as populações afetadas dos processos de tomada de decisão, como demonstram sucessivos episódios de invasão, ausên-

---

25. Antônio Bispo dos Santos, op. cit., p. 65.
26. Antônio Bispo dos Santos, op. cit., p. 71.
27. Antônio Bispo dos Santos, op. cit., p. 76.

cia de debate e falsas promessas de melhoria de vida. Bispo rememora outros marcos de luta no processo de "habilitação do humano" e "desabilitação de um tipo diferente de pessoa com quem aquele humano não poderia ser":[28] durante a ditadura militar brasileira, o desmantelamento de saberes e ofícios transmitidos entre gerações se deu pela imposição da linguagem escrita e dos saberes acadêmicos, em uma nova empreitada de colonização de territórios no interior do país. Após a chamada Revolução Verde,[29] escolas agrotécnicas nas zonas rurais introduziram compulsoriamente os pacotes agroquímicos e métodos agrícolas que privilegiam a produtividade, em detrimento da saúde de pessoas e ecossistemas, da sociobiodiversidade e da soberania alimentar camponesa.

Em uma análise jurídica e semântica dos direitos e deveres prescritos às comunidades indígenas e quilombolas, Bispo rastreia a "influência do pensamento monista verticalizado e desterritorializado dos povos colonizadores"[30]

---

28. Marisol de la Cadena, "Human but not only", op. cit.
29. O pacote da Revolução Verde, importado dos Estados Unidos, consistiu na substituição do ciclo regenerativo de nutrientes por fluxos de insumos unidirecionais, que transformam sistemas locais e geneticamente diversificados de cultivo em monoculturas vulneráveis, proprietárias e uniformes. A partir dos anos 1960, a introdução de sementes geneticamente alteradas, o uso de agrotóxicos e insumos químicos e a produção mecanizada de grãos teve forte impacto em países produtores de commodities. As patentes sobre as sementes seguem expropriando agricultores dos meios de produção e da fertilidade do solo. Ver Vandana Shiva, *Monoculturas da mente: perspectivas da biodiversidade e da biotecnologia*. São Paulo: Gaia, 2003.
30. Antônio Bispo dos Santos, op. cit., p. 92.

no tratamento dado ao território pela Constituição Federal. Na Carta Magna de 1988, o território é traduzido como propriedade, e não nos termos da "relação comunitária e biointerativa dos quilombolas". Cabe recordar que o direito de propriedade moderno consiste no domínio sobre uma coisa e no direito de usá-la e abusá-la; destruí-la, vendê-la, aliená-la.[31] Além da negação sistemática do direito à titulação de territórios,[32] que pressupõe processos jurídicos em que identidades estratégicas devem ser ocupadas para fazer valer direitos apenas formalmente garantidos, Bispo acusa o Estado brasileiro da violência racista inerente ao próprio processo de regularização de terras, previsto no artigo 68 do Ato das Disposições Constitucionais Transitórias de 1988, que dispõe sobre a emissão de títulos a comunidades quilombolas:[33]

> A Constituição de 1988 disse que nós temos direito a regularizar as nossas terras pela escrita – o que é uma agressão,

---

31. Alexandre Nodari. "Recipropriedade". *Piseagrama*, Belo Horizonte, n. 12, pp. 26–35, 2018.
32. Cabe recordar, como sublinha o coletivo de mulheres da Coordenação Nacional de Articulação das Comunidades Negras Rurais Quilombolas (Conaq apud Selma Dealdina (org.), *Mulheres quilombolas: territórios de existências negras femininas*. São Paulo: Sueli Carneiro; Jandaíra, 2020, p. 47), que da titulação do território decorre a possibilidade de exercício de uma série de direitos fundamentais, como o acesso à educação escolar quilombola, o livre uso e preservação da sociobiodiversidade, o direito à produção agrícola tradicional, entre outros.
33. Art. 68 – ADCT: "Aos remanescentes das comunidades dos quilombos que estejam ocupando suas terras é reconhecida a propriedade definitiva, devendo o Estado emitir-lhes os títulos respectivos".

porque pela escrita nós passaríamos a ser proprietários da terra. Mas os nossos mais velhos nos ensinaram a lidar com essa agressão. [...] Discutir a regularização das terras pela escrita não significa concordar com isto, mas significa que adotamos uma arma do inimigo para transformá-la em defesa. Porque quem vai dizer se somos quilombolas não é o documento da terra, é a forma como vamos nos relacionar com ela. E nesse quesito nós e os indígenas confluímos. Confluímos nos territórios, porque nosso território não é apenas a terra, são todos os elementos.[34]

Bispo denuncia, portanto, os requisitos técnicos e jurídicos para a implementação do regime de posse, identificado como uma tática de assimilação dos núcleos de resistência ligados à terra, assim como dos elementos de sua ecologia ancestral. Embora seja formalmente autodeclaratório, o processo de escrituração de territórios quilombolas exige a produção de laudos antropológicos e agronômicos – para o pensador e poeta, "a mais sofisticada utilização da inteligência do Estado para identificar o perfil da resistência [...], pois somos donos de um saber transmitido espontaneamente pela oralidade, sem cobrar nada por isso".[35] As estratégias de dominação subjetiva se renovam ainda nos processos de nomeação e estabelecimento da posse de terras, pois "o colonialismo nomina todas as pessoas que quer dominar".[36]

---

34. Antônio Bispo dos Santos, "Somos da Terra". *Piseagrama*, Belo Horizonte, n. 12, pp. 44–51, 2018.
35. Ibid., p. 47.
36. Ibid., p. 44.

Dessa forma, as políticas neoextrativistas dão seguimento à prática colonizadora de *terra nullius*: o esvaziamento ontológico e biológico dos territórios declarados inabitados pela Igreja Católica, a fim de serem legitimamente ocupados por seus agentes.[37] Suas intervenções criam "espaço para a expansão tangível do Mundo Único, esvaziando os lugares que ocupa, e tornando ausentes os mundos que produzem esses lugares".[38] Nas descrições tecnocráticas de territórios indígenas ou tradicionais visados operam as mesmas categorias civilizatórias que "separam as pessoas da terra, e então as vinculam por meio de uma relação de propriedade ou posse, legal ou ilegal",[39] mediada pelo Estado. A conversão das relações entre povos e territórios ancestrais em títulos de propriedade corresponde, assim, à transformação do outro em próprio; a negação formal de existências singulares e desindividualizadas e sua incorporação nominal como patrimônio estatal.

Em oposição às narrativas de desenvolvimento sustentável e do trabalho como castigo de um deus terrorista, Bispo insiste na "comunhão prazerosa da biointeração",[40] cujos

---

37. A propósito das políticas de conversão, Valentin-Yves Mundimbe narra: "o Romanus Pontifex (1454) estabeleceu a autoridade política e teológica para que os europeus se apoderassem de terras de pessoas não cristãs, que deveriam se submeter ao rei de Portugal e se converter ao cristianismo. Submissão ou subjugação foi o resultado desta filosofia militar de conversão" (Saidiya Hartman, *Perder a mãe: uma jornada pela rota atlântica da escravidão*. Rio de Janeiro: Bazar do Tempo, 2021, p. 310).
38. Marisol de la Cadena, "Human but not only", op. cit.
39. Ibid.
40. Citando Bispo, Maria Sueli Rodrigues de Souza explica que bioin-

resultados se materializam em condições de vida coletivas, cicladas em corpos, águas, terras e ares. A partir da análise histórica da formação dos quilombos e de experiências de organização comunitária no Quilombo Saco-Curtume, em São João do Piauí, Bispo traduz o equivocado dissenso colonial como uma longeva disputa de territorialidades, enfrentada por povos contracolonizadores[41] em retomada e reexistência:

> [...] podemos afirmar que a guerra da colonização nada mais é que uma guerra territorial, de disputa de territorialidades. Nesse contexto, nós, povos contracolonizadores, temos demonstrado em muitos momentos da história a nossa capacidade de compreender e até de conviver com a complexidade das questões que esses processos têm nos apresentado. Por exemplo: as sucessivas ressignificações das nossas identidades em meio aos mais perversos contextos de racismo, discriminação e estigmas; a readaptação

---

teração significa "guardar o peixe nas águas, onde eles continuam crescendo e se reproduzindo"; "é viver, conviver e aprender com a mata, com o chão, com as águas, com o vento, com a lua, com o sol, com as pessoas, com os animais. É transformar o trabalho em vida, arte e poesia. É transformar as divergências em diversidades. É retirar as notas pesadas do castigo do trabalho para fazer fluir, confluir a interação, a biointeração" (apud Santos, 2015, p. 112).

41. Bispo (2018, p. 51) narra o gesto contracolonizador como uma forma localizada de edição cosmológica: "E o que é contracolonizar? É reeditar as nossas trajetórias a partir das nossas matrizes. [...] Só pode reeditar a trajetória do povo quilombola quem pensa na circularidade e através da cosmovisão politeísta".

dos nossos modos de vida em territórios retalhados, descaracterizados e degradados; a interlocução das nossas linguagens orais com a linguagem escrita dos colonizadores.[42]

Diferentemente situados, Cadena e Santos propõem modos de navegação orientados por cuidados persistentes com as gramáticas conceituais performadas e encarnadas em conhecimentos científicos e acadêmicos, por meio das quais tornam a si e a seus "objetos" de estudo inteligíveis. Embora sejam hegemônicas, elas "foram criadas como parte de uma ordem universal que foi obedecida – mas não só".[43] Em meio aos equívocos entre alianças, traduções e confluências, os despossuídos pelos processos de erradicação devem tecer atentamente uma política de conhecimentos parciais, atravessando mundos de diferença ecologicamente relacionados.

---

42. Antônio Bispo dos Santos, *Colonização, quilombos: modos e significações*. op. cit, p. 97.
43. Marisol de la Cadena, "Human but not only", op. cit.

gestos

VILÉM Flusser costumava reescrever seus textos ao traduzi-los nas línguas em que pensava, nesta ordem: alemão, português, inglês e francês. Curiosamente, "ele só não escrevia em tcheco, sua língua materna, porque a considerava *adocicada demais*".[1] Escrita originalmente em português, a edição brasileira de *Gestos*, uma das sete versões de seu último livro, não inclui o ensaio em que o filósofo trata do gesto de plantar. "The Gesture of Planting", assim como outros gestos impensados em português, como amar e falar, encontram-se na edição em inglês, que traz ainda outros *micro-évènements*; movimentos dos corpos em que "uma liberdade se exprime".[2]

1. Apresentação de Gustavo Bernardo à edição brasileira de *Gestos*, de Vilém Flusser (São Paulo: Annablume, 2014, p. 9). Em *Does Writing Have a Future?* (Minneapolis; Londres: Univeristy of Minnesota Press, 2011, p. 33), Flusser descreve a escrita e a tradução como um embate com as regras ortográficas das línguas em questão: "*a writer forces the spoken language to accommodate itself to orthographic rules. Language defends itself. Each language defends itself according to its character. German is slippery, English brittle, French deceptive, Portuguese sly*".
2. Vilém Flusser, *Gestos*, op. cit., p. 19.

Diferenciando-os dos fenômenos definidos como movimentos explicáveis por causalidade – "*humano*, ou *dominador*, ou *martelador*, ou *burguês*, ou *brasileiro*"[3] –, o filósofo busca considerar outras forças que participam do movimento para esboçar os fundamentos de uma teoria geral da práxis dos gestos: uma "metateoria da linguística" para o "futuro pós-historicista que se aproxima".[4] Em sua concepção, haveria uma antinomia "água-areia"[5] entre essa "utopia perfeitamente imaginável"[6] e a filosofia da história, porque a última "parte da hipótese de que a liberdade ocorre em tempo linear [...], mas a teoria dos gestos parte do fenômeno concreto, do dado espaço-temporal *gesto*".[7]

Ensaiando critérios para essa ponte multidimensional e perigosamente ampla, segundo o próprio propositor, Flusser estabelece uma diferenciação entre os gestos "livres"; os "de trabalho"; os "mágicos", ou rituais; e ainda aqueles "movimentos neuróticos repetitivos [...], essencialmente antirrituais, por não serem resultado de aceitação deliberada".[8]

---

3. Ibid., p. 15.
4. Ibid., p. 16.
5. "A antinomia que aparece aqui é esta: para a filosofia da história, o gesto individual concreto é expressão de uma "liberdade geral" (espírito hegeliano, subjetividade marxista etc.), que se manifesta historicamente. Para a teoria dos gestos, o gesto individual concreto é expressão de uma liberdade específica inexplicável por construções teóricas, como é *espírito* etc., por ser inexplicável, *tout-court*, apenas interpretável" (ibid., p. 26).
6. Ibid., p. 28.
7. Ibid., p. 26.
8. Ibid., p. 23.

O filósofo prevê uma mudança de consciência com relação ao gesto a partir dessa interface, antecipando o surgimento de teorias que captariam os indícios de mutação dos gestos, permitindo a quem gesticula "a consciência teórica do seu gesto, e a modificação do gesto de acordo com tal teoria".[9]

Sua ficção filosófica parte de uma crítica ao gesto de pesquisa como o gesto emblemático do burguês revolucionário, "aquele que absorveu a matematização e a eficiência"; o *artesão*, que assume a posição de um deus ao interrogar desinteressada e objetivamente um conjunto inanimado, que disseca e chama de natureza, incluindo os seres vivos – o "gesto humanista". "A ideologia do conhecimento objetivo", contrariamente a uma existência que se manifesta por gestos, afirma Flusser, "pressupõe que sujeito e objeto sejam entidades distintas que se encontram no gesto do conhecimento, da pesquisa pura".[10] Para ele, seria essa a *mundivisão* ocidental: "nossa tendência de olhar os fenômenos como se fossem processos sintéticos definíveis, encontros de entidades presumidas como de alguma maneira preexistentes ao processo".[11] Outro critério

---

9. Ibid., p. 28.
10. Ibid., p. 47. A propósito da ausência de *pathos* das pedras, Flusser comenta: "Porque quanto menos um objeto interessa (quanto menos o homem estiver implicado nele), tanto mais é objeto, e tanto mais o homem é seu sujeito. É pela falta de interesse que o homem transcende. Pode manipulá-los *objetivamente*. Com relação a pedras e astros, o homem é como um deus" (p. 45).
11. Ibid., p. 65.

de escolha para uma metodologia de pesquisa não alienada e ética, sugere o autor, seria heurístico: "a importância do gesto escolhido para a crise existencial a ser surpreendida nele".[12]

Em sua análise do gesto de fumar um cachimbo, por exemplo, Flusser insiste no aspecto ritual, profano e artístico ao qual a fumante se aplica laboriosamente, refundando uma vida estética. Tal gesto requer uma dedicação "de corpo e alma", uma manifestação da própria existência em que, "espontaneamente, às vezes o deus aparece".[13] A força mágica inerente ao gesto se manifesta à revelia de quem o exerce, na absurdidade mesma de um movimento em nada sacral ou utilitarista. Na concepção de arte do filósofo, que remete à pureza aristotélica de um gesto livre de finalidade, "encontrar-se no gesto inútil e cheio de sacrifícios é ter tido a experiência religiosa",[14] expressão de "uma vida deliberadamente absurda".[15]

Ao especular sobre o gesto de plantar, entretanto, Flusser parece incorrer no "nefasto par dialético"[16] que buscava reimaginar ao apontar "a violência feita em laboratórios mentais e materiais [...] que transforma canto de pássaro em vibração acústica e dor em função nervosa";[17] com "sujeito transcendente de um lado e o mundo obje-

12. Ibid., p. 43.
13. Ibid., p. 39.
14. Ibid., p. 40.
15. Ibid., p. 41.
16. Ibid., p. 59.
17. Ibid., p. 49.

tivo do outro".[18] Em vez de um gesto que "demonstra, ele próprio, serem sujeito e objeto sempre engrenados",[19] plantar, para Flusser, é desde sempre e para sempre "um gesto não natural, *perverso* em um sentido radical, pois nele o ser se transforma em seu oposto".[20]

O filósofo retorna ao Mesolítico tardio para tentar adentrar as condições de emergência do gesto de plantar, despindo-o do que considera ser sua hiperfamiliaridade, romantização e normalização pela história. A figura do caçador-coletor emerge como um capturador por excelência, um compositor de armadilhas que tece cestas e constrói estruturas para conter seus achados. Na análise de Flusser, tal posição já demarcaria uma alteridade absoluta em relação àquilo que se classifica e coleta, uma vez que "permanecer à espera" de uma natureza intocada seria o estado de espírito subjacente a essa excepcional forma de existência, a excludente *ex-istência* humana. Todos os gestos de trabalho posteriores, em sua análise, seriam variações do movimento de criação de formas especializadas de coleta: "um ser humano espera pela natureza porque ele mesmo não está nela; e assim, de fora, enquanto as armadilhas são armadas, ele distingue entre veados e vacas, frutas e ovos. Para montar armadilhas, isto é, para existir, ele deve categorizar, isto é, *ex-istir*.[21]

18. Ibid., p. 49.
19. Ibid., p. 47.
20. Vilém Flusser, "The Gesture of Planting". In: *Gestures*. Trad. Nancy Ann Roth. Minneapolis: University of Minnesota Press, 2014, p. 98.
21. Ibid., p. 99.

Além disso, segundo Flusser, as novas formações florestais que resultaram do aquecimento do clima ao final do Paleolítico teriam permitido aos seres humanos apenas três categóricas estratégias de sobrevivência: conviver com as árvores, submeter-se às árvores ou opor-se a elas. Para ele, nenhum desses caminhos realmente obteve sucesso: o primeiro, a convivência com a floresta, teria conduzido às "culturas primitivas"; o segundo, a submissão, à criação de animais; e o último, a oposição, ao estabelecimento da agricultura, isto é, de "nossa própria forma de existência".[22] Nessa concepção do humano como predador, "a natureza é capim e os seres humanos são comedores de capim, uma situação insuficientemente apreciada por filósofos da natureza, existencialistas e ecologistas".[23]

> Os romanos sabiam o que a agricultura significa: a dominação da natureza pela incorporação da floresta na casa (*domus*) [...]. Os sinônimos para plantar incluem não apenas a cultura, o imperialismo e a dominação, mas igualmente os gestos de ordenação (*legis-latio*), pois as fileiras ordenadas de gramíneas plantadas transformam o inesperado no inevitável, a perseguição em espera. Os verdadeiros plantadores são legionários (como ainda sabiam as potências coloniais no século XIX, pois a colonização era sinônimo de cultivo, e os plantadores de legionários).[24]

---

22. Ibid., p. 100.
23. Ibid., ibidem.
24. Ibid., p. 101.

Nessa síntese, "plantar significa cavar buracos para transformar o imprevisível em inevitável", impondo uma ordem humana a um ambiente externo, a fim de produzir uma confusão ontológica entre natureza e arte, "entre o que é dado e o que é feito".[25] O gesto de plantar árvores tampouco alteraria a cena. Para Flusser, a transformação da figura do caçador-coletor em agricultor no Neolítico teria operado uma inversão necessária do nomadismo, "uma transformação da existência em seu oposto",[26] que teria habilitado a espécie humana a habitar um mundo artificial, em que as ciclicidades da natureza são usadas para forçá-la "a negar a si própria".[27] Nessa narrativa, plantar é "o gesto histórico por excelência": a raiz violenta da propriedade e da guerra no seio da gananciosa passividade humana.

> Plantar é um gesto que transcende a caça e a coleta, ao manipular o mundo para permitir que ele seja recolhido. E a ecologia é um gesto que transcende o plantio ao vê-lo de fora, impondo uma "estratégia" sobre ele. O plantador é um coletor invertido, e o ecologista, um plantador invertido. O agricultor é um nômade invertido, o ecologista é um agricultor invertido. O caçador faz um catálogo do mundo imprevisível (redes). O agricultor força o mundo a uma ordem (campos cultivados). O ecologista vê o

---

25. Ibid., ibidem.
26. Ibid., p. 98.
27. Ibid., p. 102.

mundo como relação (como *oikós*). A transcendência é o conteúdo do gesto do caçador, a forma do gesto do agricultor, e a estratégia do gesto do ecologista.[28]

Com efeito, as sociedades humanas de cultivadores e criadores não são o produto relativamente estável de uma evolução independente das espécies, mas o resultado de incessantes cruzamentos históricos, geopoliticamente localizados. E, no entanto, a análise de Flusser, impregnada de teleologia e excepcionalismo humano, parece pressupor a constância, a unidade e a autonomia da espécie, compreendendo a domesticação de vegetais e animais como um exercício de controle unilateral da parte humana sobre um ambiente autoproduzido, algo como a prevalência evolutiva do Estado em nós. Sua conclusão remonta a uma pergunta sobre a essência humana, um questionamento moralizante sobre a espécie que pressupõe um estado de inocência rousseauísta, o pecado original e a queda do Éden. Contudo, como recorda Donna Haraway, as plantas cultivadas são também sujeitos vivos, e não meras entidades biológicas passíveis de intervenção humana. Nesse sentido, os seres vegetais participam de relações de codomesticação que não se restringem unicamente ao par humano-planta cultivada, mas envolvem um verdadeiro "bestiário de agências".[29]

---

28. Ibid., p. 101.
29. Donna Haraway, *The companion species manifesto: Dogs, people, and significant otherness*. Chicago: Prickly Paradigm Press, v. 1, 2003, p. 317.

Já em 1974, Pierre Clastres diagnosticava a vaidade científica do conceito de economia de subsistência, que traduz antes o campo ideológico do Ocidente moderno e sua atribuição de carências culturais e tecnológicas do que a realidade econômica de sociedades que, ainda hoje, são consideradas subdesenvolvidas. Clastres identifica o etnocentrismo estrutural "que mediatiza todo olhar sobre as diferenças para identificá-las e, finalmente, aboli-las".[30] Sua teoria se fundamenta em pesquisas etnográficas realizadas junto a povos indígenas na Amazônia e nos estudos de Marshall Sahlins entre povos africanos como os Sans, Mbutis e Hadzas. Sahlins descreveu essas sociedades como afluentes, recusando a noção bíblica de uma condição humana sobredeterminada por uma natureza hostil, "com o homem prisioneiro de trabalho pesado, caracterizado por uma disparidade perpétua entre vontades ilimitadas e meios insuficientes".[31] O axioma econômico da escassez e uma teologia da falta caracterizaram todo o processo de primitivização dos povos colonizados, endossado em registros de viajantes, cosmógrafos e romancistas europeus e brasileiros. A frugalidade que caracteriza tantas economias

---

30. Pierre Clastres, *Sociedade contra o Estado: pesquisas de antropologia política*, trad. bras. Theo Santiago. São Paulo: Cosac Naify, 2013, p. 35.
31. Marshall Sahlins, *A sociedade afluente original*. [S. l.]: Contraciv, 2021 [1978], p. 1. "Tendo equipado o caçador com impulsos burgueses e ferramentas paleolíticas, julgamos sua situação desesperadora" (p. 10).

indígenas, entretanto, não teria sido uma questão de infortúnio, mas de princípio, calcada em diversas formas de participar da suficiência do contínuo habitar multiespécie.

Em sua pesquisa arqueológica nos trópicos, William Balée faz referência a uma "indigeneidade das paisagens",[32] em que os encontros duradouros entre espécies e os vínculos entre povos e territórios se inscrevem na matéria florestal. Balée alude às florestas da Amazônia, da Melanésia e da África, ao sul do Saara, que não teriam sido os ambientes pristinos das fantasias colonizadoras, mas artefatos vivos, densamente povoados, com formas de organização social e política que indicam vigorosos modos contraestatais de cultivo. Os padrões de associação e repetição dos gêneros vegetais encontrados hoje nesses biomas indicam distúrbios que remontam a construções antrópicas, as "paisagens esculpidas",[33] como as ilhas de florestas. O antropólogo cita ainda estudos arqueológicos realizados no continente africano que mostram que, antes da ocupação europeia, as florestas se encontravam em expansão devido às estratégias de manejo humanas, e não apesar da ação da espécie.

No longo período que designa a Amazônia pré-colombiana, mudanças semelhantes teriam ocorrido concomitantemente ao desenvolvimento de sofisticadas tecnologias agrícolas e de processamento de alimentos, como a

32. William Balée, "Sobre a indigeneidade das paisagens". *Revista de Arqueologia*, 21, n. 2, pp. 9–23, 2008.
33. Rainbird apud William Balée, "Sobre a indigeneidade das paisagens", op. cit., p. 14.

destoxificação da mandioca-brava e de nozes cicadáceas. As transformações primárias da paisagem amazônica aparecem na forma de aterros, diques e outras manipulações de terra, como os solos de terra preta e os sambaquis, antigos locais de descarte de sementes e conchas encontrados ao longo do litoral, cuja composição evidencia uma pluralidade de práticas de cultivo. Altamente estáveis, férteis e ricos em matéria orgânica, esses tipos de solo consistem em "fragmentos cerâmicos, artefatos líticos, restos de plantas (incluindo grãos de milho em uma camada de cerca de quatro mil anos de idade), além de fauna abundante, incluindo caramujos do gênero Pomacea".[34]

A sociobiodiversidade da região também é produto de atividades agrícolas itinerantes, da coivara, da coleta e da movimentação de assentamentos. Como argumenta Eduardo Góes Neves, a compreensão da ecologia histórica de espécies vegetais como a castanha-do-pará (*Bertholletia excelsa*), a araucária (*Araucaria angustifolia*) e o pequi (*Caryocar brasiliense*) destitui a linearidade evolucionista que opõe plantas selvagens a domesticadas e povos

---

34. Eduardo Góes Neves, "Não existe Neolítico ao sul do Equador: as primeiras cerâmicas amazônicas e sua falta de relação com a agricultura". In: Cristiana Barreto, Helena Pinto Lima e Carla Jaimes Betancourt (org.). *Cerâmicas arqueológicas da Amazônia: rumo a uma nova síntese*. Belém: IPHAN: Ministério da Cultura, 2016, p. 39.

caçadores-coletores a agricultores.[35] Seria preciso compreender as práticas de coleta e cultivo num *continuum agrícola*: são "modos distintos de uma mesma natureza que fundamenta as relações entre pessoas e plantas".[36]

Categorias científicas, periodizações históricas e conceitos mobilizados para descrever as paisagens e populações amazônicas também têm sido colocados em xeque por estudos arqueológicos recentes sobre as formas de ocupação que antecederam a colonização europeia. Suas análises conduzem a conclusões menos pautadas em modelos externos, que costumeiramente vinculam a agricultura ao regime de propriedade e à hierarquização estatal. Durante o Holoceno, houve um incremento expressivo da agrobiodiversidade, incluindo as populações de plantas domesticadas, ocorrência indissociável da diversificação sociopolítica. Cabe lembrar ainda que existem notáveis contrastes entre o desenvolvimento de estratégias agrícolas em nosso continente e no Crescente Fértil, sobretudo no que se refere ao "grande intervalo cronológico que existe entre as primeiras evidências de domesticação de plantas e a emergência da vida urbana,

---

35. Eduardo Góes Neves, "Castanha, pinhão e pequi ou a alma antiga dos bosques do Brasil. In: Joana Cabral de Oliveira et al. (org.). *Vozes vegetais: diversidade, resistências e histórias da floresta*". São Paulo: Ubu, 2021.
36. Joana Cabral de Oliveira et al., *Práticas e saberes sobre agrobiodiversidade: a contribuição de povos tradicionais*. Brasília: Instituto Internacional de Educação do Brasil, 2018, p. 21.

ou mesmo aldeã nas Américas".[37] Se, na Anatólia, tais processos ocorreram quase simultaneamente, a chamada domesticação de plantas em nossas terras está associada a grupos com "economias diversificadas, baseadas na caça, na pesca e na coleta, e também no cultivo de plantas domesticadas [...] por milênios".[38] A incorporação à dieta e os usos rituais de diferentes espécies ao longo do tempo parecem sugerir escolhas, e não imperativos naturais. O milho e o tabaco, por exemplo, são indicadores de um tipo de manejo que excede as classificações hegemônicas:

> [...] a própria distinção entre *natural* e *selvagem* nesses casos resulta mais de um grosseiro imperativo classificatório tributário de uma herança intelectual forjada em outros contextos e baseada em outras experiências do que propriamente um reflexo mais fiel de categorias ameríndias de classificação.[39]

A relação entre a agricultura e o movimento territorial figura tanto nos padrões de mobilidade de povos amazônicos antigos quanto nas estratégias de pousio praticadas nas roças indígenas hoje. Junto aos Wajãpi, grupo tupi que vive na região dos rios Oiapoque, Jari e Araguari, no estado do Amapá, Joana Cabral de Oliveira descreve as relações entre os domínios da roça (*koo*) e da floresta (*ka'a*), não como uma oposição fixa e diametral, mas, antes, como

---

37. Eduardo Góes Neves, "Não existe Neolítico ao sul do Equador", op. cit., p. 37.
38. Ibid.
39. Ibid.

posições cosmológicas relacionais que se movem e se comunicam, em que o estágio da capoeira (ou sucessão secundária, *kookwerã*) opera um papel fundamental.[40]

Na tradução de Oliveira, o fazer da vida Wajãpi se desdobra no trabalho-jogo da abertura de roçados em áreas de vegetação mais madura, que são abandonadas após as colheitas para a retomada da floresta, que volta a ser a roça de outros animais e espíritos, *ka'ajarã*. A sucessão florestal que vincula a roça à floresta povoada é parte constitutiva da vida aldeã no plano terrestre, e manifesta um movimento de gradação, oscilação e continuidade entre esses polos. Numa subversão da temporalidade linear, o forrageamento, a coleta e a caça dependem das práticas de cultivo que semeiam as florestas que as abrigam. Para os Wajãpi, conta Oliveira, a roça é par da floresta, e a capoeira, seu movimento; constituindo uma trama inteiriça de natureza-cultura.

Os Wajãpi também cultivam relações de encantamento, evocação e parentesco com suas roças biodiversas, num léxico minucioso em que "fazer, existir e nomear são faces do mesmo processo".[41] Espécimes de variedades antigas são valorizados e classificados como *kõ remitã*, "a plantação dos avós", intercambiados por

---

40. Joana Cabral de Oliveira. "Mundos de roças e florestas". *Boletim do Museu Paraense Emílio Goeldi. Ciências Humanas*, v. 11, pp. 115–131, 2016.
41. Joana Cabral de Oliveira et al., *Práticas e saberes sobre agrobiodiversidade: a contribuição de povos tradicionais*. Brasília: Instituto Internacional de Educação do Brasil, 2018, p. 146.

rotas e redes de parentesco que fundamentam a vida social Wajãpi. A sucessão ecológica, por sua vez, é iniciada por plantas que indicam plantios de alteridades específicas, conforme sua ação dispersora. Os nomes das entidades florestais comumente observam a agência de outros seres, de maneira a traduzir sua composição processual e gregária: o açaí, cujas sementes são regurgitadas por tucanos, é chamado de *tukãnãremitã* (plantação de tucano), enquanto o ingá, distribuído pelas fezes de guariba (*akyky*), é *akykyremitã* (plantação de guariba). Oliveira se refere ainda à mandioca de jurupari (*Solanum palinacanthum*), denominada *so'o mão* ou *so'o mani'y* (mamão e mandioca de veado), e à *Physalis sp.*, ou *uruvu kã'ãe* (pimenta de urubu). A agricultura, assim, é "vivida e pensada como conexões entre sujeitos distintos, que compartilham e produzem estados de alegria (*ory*) e tristeza (*ãgy'o*) mutuamente, e através dos quais se interage por meio da palavra".[42] O sensível se articula de modo relacional, e o equívoco é parte da sensibilidade Wajãpi ao gradiente aldeia-roça-capoeira-floresta:

> O ponto a ser destacado é que a oposição entre floresta e roça-aldeia (entre humano e não humano) não é estática. Seu movimento se apresenta tanto no caminhar das roças sobre as matas e das matas no encalço dos roçados, como no fato de que a floresta não é o domínio do não plantado *per se*.

---

42. Ibid., p. 151.

> [...] ka'a está repleta de plantações de distintos tipos de alteridade. As muitas gentes que habitam a plataforma terrestre possuem seus cultivos que são floresta para os Wajãpi.[43]

O gesto de plantar florestas, entre outras artes de manejo e convívio, envolve uma miríade de existências interdependentes, assembleias de conjuntos de coordenações que produzem "respostas temporais através da diferença".[44] O trabalho-jogo de viver junto que anima as relações de mutualismo multiespecífico que tornam a Terra habitável reconfiguram continuamente as socialidades terrenas e suas relações ecológicas por vir. Se o gesto "é a poesia do ato",[45] as poéticas florestais fazem multiplicar reciprocamente a pulsão.

---

43. Joana Cabral de Oliveira. "Mundos de roças e florestas", op. cit, p. 128.
44. Anna Tsing, *Viver nas ruínas: paisagens multiespécie no Antropoceno*, trad. bras. Rafael V. Devos et al. Brasília: IEB Mil Folhas, 2019, p. 92.
45. Jean Galard, *A beleza do gesto*, trad. bras. Mary Amazonas Leite de Barros. São Paulo: Edusp, 2008, p. 84.

Pintura rupestre feita por povos Jê com representações de *Araucaria angustifolia* e figuras antropomórficas, encontrada em 2021 no interior de uma gruta em Piraí do Sul, no estado do Paraná. Fotografia do Grupo Universitário de Pesquisas Espeleológicas da Universidade Estadual de Ponta Grossa (UEPG).

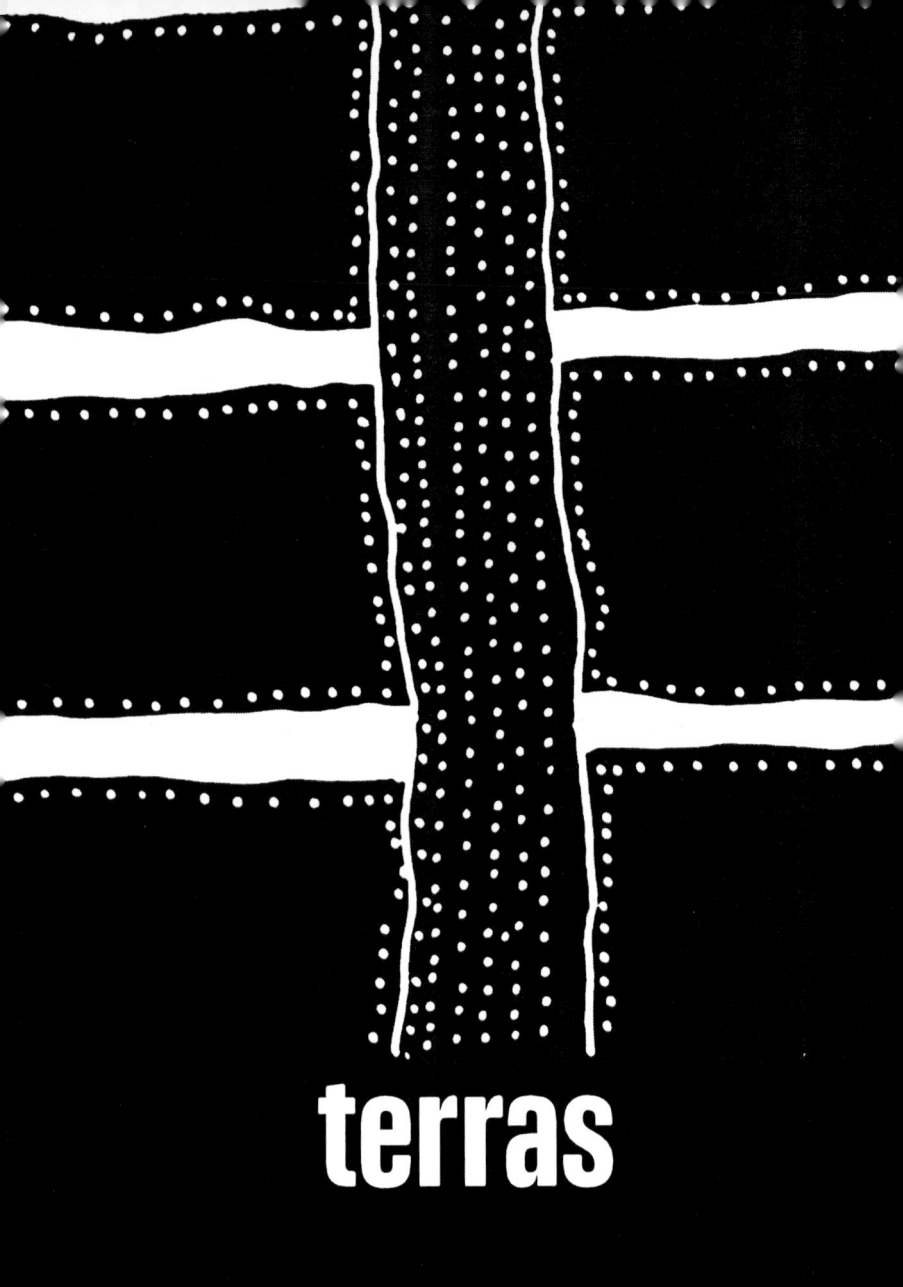

terras

> [...] e eu perguntava a mim mesmo o que diriam de nós os gaviões, se Buffon tivesse nascido gavião. Era o meu delírio que começava.
>
> *Memórias póstumas de Brás Cubas*
> MACHADO DE ASSIS

"TERRA limpa" é uma categoria comumente utilizada para designar um terreno rural desmatado no interior do estado de São Paulo. Uma mata transformada em pasto, onde prosperem poucas variedades de gramíneas e praticamente nenhum arbusto, corresponde a um valor maior no mercado imobiliário local do que uma capoeira, onde o ciclo sucessional da floresta tenha começado a se recompor, e um arranjo multiespécie esteja tomando vigor outra vez. Ainda que se possa afirmar objetivamente que semelhante terreno em regeneração poderia se converter em mais recursos para pretensos proprietários, na forma de frutos ou mesmo de lenha para venda, a vitalidade astuta dos solos tropicais implica, quase necessariamente, o custo de (mandar) "limpar" a terra com agroquímicos, incêndios ou roçadas, extirpando o solo das condições de ressurgimento de espécies que não têm utilidade à criação de gado. As variedades mais adaptadas às condições locais, aquelas que trepam no milho para sobreviver, ou que não apetecem aos bois, são sistematicamente eliminadas, tornando-se gradualmente menos adequadas ao meio. Busca-se, então, recolonizar o solo com algum tipo de capim para pastagem; prioritariamente, o colonião ou a braquiária.

A substituição de populações como estratégia de extermínio e despossessão em favor da ocupação europeia foi concomitante à travessia, ainda no século XVI, de espécies estrangeiras de capim que "tentam o botânico a usar termos antropomórficos como *agressivo* e *oportunista*"[1] para descrevê-las. Dos navios tumbeiros que trouxeram milhões de pessoas abduzidas pelo tráfico humano transatlântico desembarcaram ainda cavalos, vacas, porcos, cabras, carneiros, asnos e outros animais de criação até então desconhecidos nos trópicos. A "biota portátil" – como Alfred Crosby designou os europeus e todos os organismos que carregaram pelos oceanos nos primeiros séculos de invasão – assemelhava-se a uma sociedade de ajuda mútua: os capins de forragem, nativos das terras onde a maior parte dos animais de pasto foi primeiro domesticada, possuía maior potencial forrageiro, tendo se beneficiado dessa adaptação recíproca entre espécies companheiras, em curso desde antes do período Neolítico. As gramíneas dos continentes europeu, asiático e africano, trazidas na forma de plantas e sementes, toleravam a incidência direta do sol e o pisoteio constante, sendo mais produtivas

---

1. Alfred W. Crosby, *Imperialismo ecológico: a expansão biológica da Europa, 900-1900*, trad. bras. José Augusto Ribeiro e Carlos Afonso Maferrari. São Paulo: Companhia das Letras, 2011, p. 159.

e palatáveis aos bovinos. Semeadas artificialmente ou por autossemeação, algumas delas se espalharam rapidamente por grandes extensões de solo incendiado e desnudado, protegendo-o da erosão do vento e do sol e, ao mesmo tempo, bloqueando a dinâmica sucessional. Ao participarem inadvertidamente da simplificação radical de ecossistemas e paisagens tropicais em duradouras empreitadas de espólio de povos e territórios, da agropecuária à urbanização, essas gramíneas pioneiras se tornaram essenciais ao funcionamento das economias imperiais e biotecnológicas do presente.

O capim-colonião (*Panicum maximum*) foi uma das principais forrageiras utilizadas na economia de *plantation*, onde os bovinos trabalhavam tracionando moinhos de cana-de-açúcar (outra espécie transplantada da região da Melanésia), além de oferecerem carne, leite, couro, adubo e outras matérias de grande utilidade.[2] Tendo chegado ao nordeste do Brasil antes de 1600, e alcançando uma altura de quase dois metros, o capim-angola supostamente já provia o gado nas plantações de cana em Barbados em 1680, e podia ser encontrado em

2. Como registram Carney e Rosomoff (*In the Shadow of Slavery: Africa's Botanical Legacy in the Atlantic World*. Berkeley; Londres: University of California Press, 2009, p. 172), a criação de gado nas colônias do sul data do século XVII: "No final do século XVII havia mais de cento e trinta fazendas estabelecidas nos estados do Piauí e do Maranhão. Na véspera da Revolução Haitiana, a colônia francesa de Saint Domingue contava com mais de duzentos e cinquenta mil bovinos, ovinos e caprinos, além de cinquenta mil cavalos. No início dos anos 1800, Alexander von Humboldt estimou a população de gado que viu nas savanas venezuelanas em mais de sessenta mil cabeças". Tradução nossa.

áreas úmidas e encostas de rios na Jamaica no início do século XVIII, a partir da replicação do modelo de predação português. Na Carta Régia de 1701, entretanto, os bois e a cana são decretados espécies inimigas em toda a Colônia do Brasil do Reino de Portugal, uma vez que aqueles comiam e pisoteavam os brotos desta, dificultando seu crescimento. As restrições impostas à criação de gado no litoral favoreceram a ocupação extensiva das terras onde depois vieram a proliferar: os sertões.

A primeira descrição taxonômica do capim-colonião ocorreu em 1823, a partir de um espécime coletado no Rio de Janeiro. A espécie teve destaque na agropecuária brasileira entre as décadas de 1960 a 1980, tendo sido usada de maneira precursora no avanço sobre territórios amazônicos. Os setores de pesquisa e lançamento de cultivares obtiveram ainda um forte impulso em 1982, quando a França disponibilizou à Empresa Brasileira de Pesquisa Agropecuária (Embrapa) sua coleção com centenas de variedades trazidas da África. A braquiária (*Brachiaria decumbens*), transplantada em 1930 do platô dos Grandes Lagos, na Uganda, para a Austrália, com fins de reprodução comercial, foi introduzida em São Paulo com subsídio governamental (Propasto e CONDEPE) a fim de auxiliar a colonização agrária do cerrado. Hoje, ela é amplamente utilizada nas áreas de mineração e na contenção de encostas ao longo das principais rodovias do país, ocupando solarmente o estrato herbáceo através de diferentes biomas devastados.

Em visita ao Brasil no começo do século XIX, os naturalistas alemães Johann Baptist von Spix e Carl Friedrich Philipp von Martius observaram diversas forrageiras, às quais se referiam coletivamente como capim-guiné, plantadas nas periferias das cidades para fornecer alimentos aos animais de criação e carga dos mercados urbanos.[3] O capim era cortado e amarrado em longos fardos, carregados em carroças ou equilibrados sobre as cabeças dos comerciantes, uma cena frequentemente retratada por pintores visitantes como Carlos Julião e Jean-Baptiste Debret. Em uma das gravuras de *Viagem pitoresca e histórica ao Brasil*,[4] Debret retrata vendedoras e vendedores de leite caminhando pelas ruas do Rio de Janeiro, seguidos de carroças movidas por bois, que portavam compridos fardos de capim. Nessa imagem se reúnem as relações entre a forrageira africana, a economia pecuária e o trabalho de reprodução social feito por pessoas escravizadas.

Capinar e queimar a "sujeira" tem sido, desde o início da colonização europeia, o procedimento de praxe no tratamento das paisagens e solos tropicais. A monocultura agrária e afetiva do sistema de *plantation* depende da imposição de *terra nullius*, "a natureza sem reivindicações emaranhadas": "Os emaranhamentos nativos, humanos e não humanos, devem ser extintos; refazer a paisagem é uma maneira de se livrar deles".[5] Segundo Anna Tsing, a alienação e a intercambialidade regulam toda existência na remodelação expansível

---

3. James J. Parsons, "Spread of African pasture grasses to the American tropics". *Journal of Range Management*, v. 25, n. 1, pp. 12–17, 1971.
4. Ver Debret, J. B. *Vendeurs de lait et de capim*, 1835. Litografia de Thierry Frères.
5. Anna Tsing, *Viver nas ruínas: paisagens multiespécie no Antropoceno*, trad. bras. Rafael V. Devos et al. Brasília: IEB Mil Folhas, 2019, p. 186.

de mundo a que a *plantation* se pretende, oposta a qualquer diversidade biológica e ontoepistemológica. Terras que jamais foram mercadorias para povos que sempre as habitaram são sobrescritas ilegitimamente como terra de ninguém num velho enquadre romano; os modos nômades de viver da terra que não incluem a propriedade alienável são anulados e seus territórios são traduzidos como inabitados, obliterando suas formas de composição e assembleia multiespécie, convertidas em recursos do colonialismo ultramarino.

Na leitura de Regina Horta Duarte, os naturalistas europeus teriam inaugurado nas regiões da Mata Atlântica uma espécie de ontologia às avessas, "na qual o ser da floresta existe na medida de seu desfazimento" – "ela é insumo para sua ocupação efetiva".[6] A historiadora recorda o impulso erradicador do botânico Auguste de Saint-Hilaire, que enviou milhares de amostras de viventes a Viena durante suas expedições pelo rio Jequitinhonha, no início do século XIX.[7] Embora reconhecesse a abundante diversidade de espécies florestais, despidas sob seu olhar dissecador, Saint-Hilaire era assombrado pela obscuridade da mata que abrigava os ferozes "botocudos", grupos nômades de tradição guerreira contra os quais d. João VI declarou guerra, justificada por sua suposta prática antropofágica. Para o botânico, tamanha ca-

---

6. Regina Horta Duarte, "Olhares estrangeiros: viajantes no vale do rio Mucuri". *Revista Brasileira de História*, v. 22, n. 44, pp. 267–288, 2002, p. 282.
7. Auguste de Saint-Hilaire, *Viagem pelas províncias do Rio de Janeiro e Minas Gerais*, trad. bras. Vivaldi Moreira. Belo Horizonte; Itatiaia; São Paulo: Edusp (Coleção Reconquista do Brasil), v. 4, 1975.

rência moral e produtiva condenaria os indígenas à extinção. Algumas décadas depois, em sintonia com o cientificismo evolucionista, Johann Jakob von Tschudi, barão suíço e naturalista, seria ainda mais veemente na recusa a reconhecer os indígenas como humanos, postulando a urgência de que a floresta cedesse lugar à produção agrícola, e seus povos, aos imigrantes. Pelo olhar dos naturalistas, sublinha Duarte, a autorrepresentação europeia se constituiu como a própria face humana, confrontada com a imagem de sua alteridade: "a floresta tropical aparece como uma sucessão de faltas. [...] Não sendo verdadeiramente humanos, os índios não desenvolvem cultivos. Como não conseguem cultivar, pela intolerância ao trabalho, não conseguem ascender à condição humana".[8]

Diante da heterogeneidade do que considerava ser um impenetrável lar de bestas, Tschudi se confessava invadido por uma sensação de monotonia, um "caos inexplicável". Evocando os sonhos do Novo Mundo de sua juventude, Saint-Hilaire manifestava o desejo de que, com a derrubada das matas, o sol tocasse "com seus raios uma terra sobre a qual não brilhava há séculos".[9] Senhor de engenho, mandaria vir cabeças de gado, obtendo leite, queijos e manteiga, pois "um trecho de matas várias vezes queimado forneceria gordas pastagens".[10] Duarte dá seguimento à narrativa de Saint-Hilaire, ficcionada a partir de fragmentos de seus textos de viagem:

---

8. Regina Horta Duarte, "Olhares estrangeiros", op. cit., p. 282.
9. Ibid., p. 284.
10. Ibid.

Construiria um engenho de açúcar e uma serralheria. Ao redor da casa, a vista confusa da mata impenetrável daria lugar a um jardim inglês. Os negros trabalhariam em troca de recompensas. Os índios seriam atraídos com víveres e acostumados ao trabalho. Poderiam civilizar-se e tornar-se cristãos. Os botocudos "não há muito antropófagos" viriam à sua capela "orar por seus inimigos", e sua filha conheceria, enfim, o pudor.[11]

Na xilogravura de 1505 de Johann Froschauer que ilustra o livro *Mundus novus*, de Américo Vespúcio, as terras indígenas são espaços promissores para o desenvolvimento de fantasias civilizatórias. Não se sabe em que referências visuais o artista se baseou para retratar os habitantes e suas práticas sexuais e antropofágicas, uma vez que jamais esteve em terras ditas americanas.[12] Em outra imagem fundadora do Novo Mundo, *People of Calicut* (1518), Hans Burgkmair projeta a conquista das Índias pelo imperador romano-germânico Maximiliano I – um triunfo que jamais ocorreu, ainda antes de estabelecer-se que as Índias Ocidentais e a Ásia ficavam em continentes diferentes. Junto a grotescas figuras humanas nuas e europeizadas, entre outros motivos exotizantes, destacam-se as presenças incongruentes de caprinos e bovinos domesticados.

---

11. Ibid., p. 285.
12. Carlos Eugênio Marcondes de Moura, *Estou aqui. Sempre estive aqui. Sempre estarei. Indígenas do Brasil. Suas imagens (1505-1905)*. São Paulo: Editora da Universidade de São Paulo, 2012, p. 24.

The people of Calicut (1518), *Triumph des Kaisers Maximilian I*, fol. 131, Hans Burgkmair.

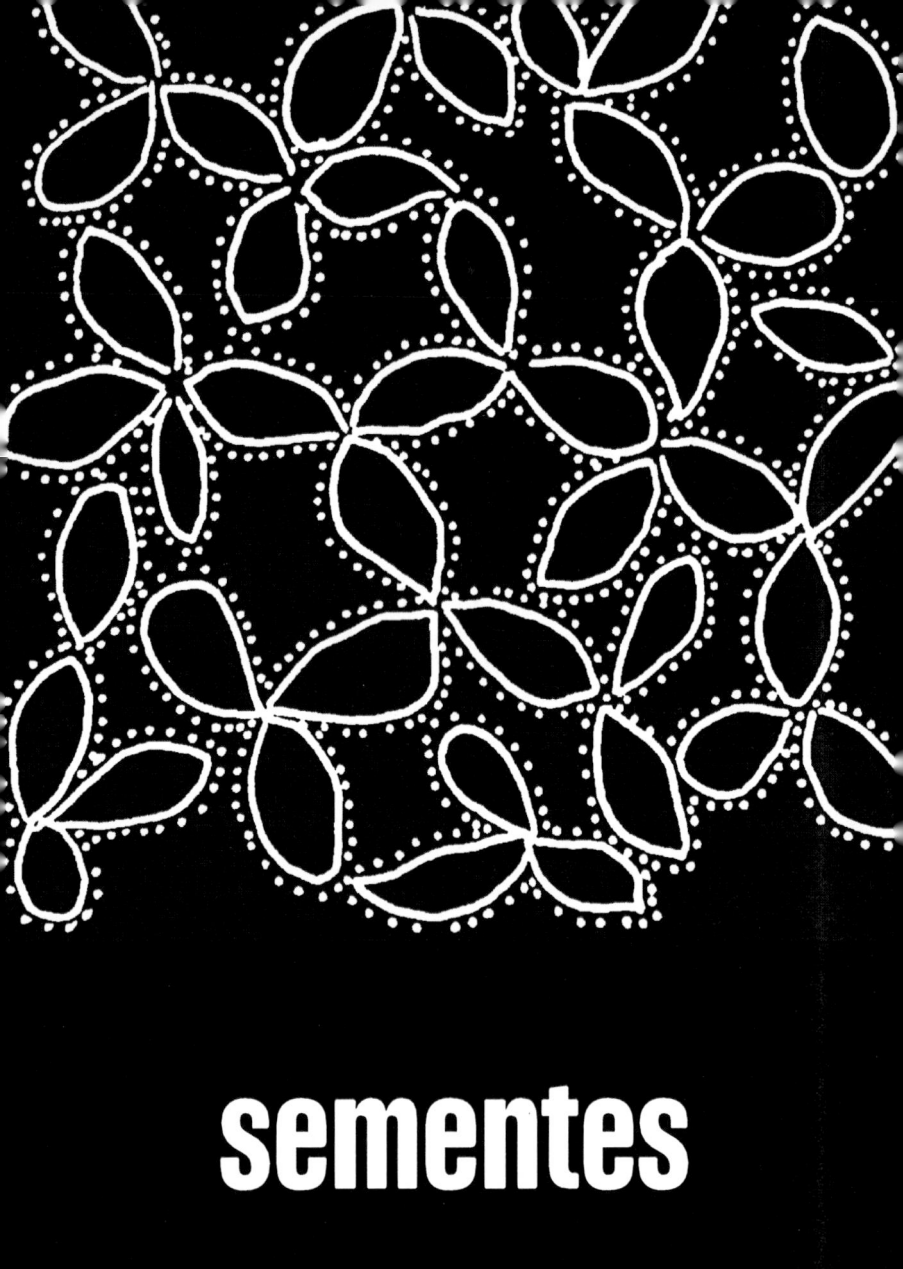

sementes

> Muriquinho piquinino, muriquinho piquinino,
> Parente de quiçamba na cacunda.
> Purugunta aonde vai, purugunta aonde vai,
> Ô parente, pro Quilombo do Dumbá.
>
> Versos de Canto II, *vissungo na voz
> de Clementina de Jesus, 1982*

Em sua análise sobre a ressemantização dos quilombos ao longo da história,[1] Beatriz Nascimento aponta a dimensão ecológica das espacialidades e socialidades quilombolas, em sintonia com o que Malcom Ferdinand

---

1. Flávio dos Santos Gomes (*Mocambos e quilombos: uma história do campesinato negro no Brasil*. São Paulo: Claro Enigma, 2015) conta que o primeiro registro de um quilombo data de 1575, na Bahia. Nos séculos seguintes surgiram incontáveis ajuntamentos quilombolas, principalmente a partir de insurreições, revoltas rurais, guerras e conflitos de fronteiras. Beatriz Nascimento relata que, já "em 1740, o Conselho Ultramarino define *quilombo* como qualquer e toda habitação que possuísse cinco fugitivos. Entretanto, os quilombos do Brasil, como Palmares, atingiram aproximadamente vinte mil habitantes. O nome original vem de Angola, e em determinado momento da história da resistência angolana queria dizer acampamento guerreiro na floresta, administrado por chefes rituais de guerra. [...] O quilombo como sistema africano era, portanto, o nome iniciático e todo espaço sagrado em que o guerreiro atuava, pois as sociedades africanas baseavam-se no poder do nome" (Alex Ratts (org.), *Uma história feita por mãos negras: relações raciais, quilombos e movimentos*. Rio de Janeiro: Zahar, 2021, p. 236).

depois descreve como uma matriz ecológica própria ao modo de habitar na *maronage*.[2] Palmares resistiu aos ataques de colonizadores nas serras alagoanas durante cem anos, "ao mesmo tempo que mantinha um enorme esforço de guerra, comerciava com fazendeiros das cercanias, produzia bens agrícolas, armas de ferro, artefatos diversos, além de se dedicar à coleta e à caça".[3] As formas de organização política dos quilombos e suas estruturas socioeconômicas se contrapunham à ordem escravista, ao regime de propriedade privada e à exploração como únicas formas de relação com a terra. As sociedades contra a *plantation*[4] desertavam o modo de habitar colonial[5] através de práticas espirituais e cosmológicas, experimentadas em dimensões corporais e materiais heterogêneas, fundamentais ao restabelecimento e à rememoração em meio à perseguição colonial.

Não há romantismo na leitura de Nascimento sobre a "fuga para a luta" que compreendia a "guerra de movimento", mas também a "paz quilombola":[6] a organização de uma estrutura social autônoma e articulada, marcada pela produção de alimentos e informações transmitidas pela oralidade e ancestralidade – "a memória e a esperança de recuperação do

---

2. *Uma ecologia decolonial: pensar a partir do mundo caribenho*, trad. bras. Letícia Mei. São Paulo: Ubu, 2022.
3. Ibid., p. 238.
4. Fagundes apud Malcolm Ferdinand, *Uma ecologia decolonial*, op. cit., p. 315.
5. Malcolm Ferdinand, *Uma ecologia decolonial*, op. cit., p. 47.
6. Beatriz Nascimento, *Uma história feita por mãos negras*, op. cit., p. 128.

poder usurpado",[7] de "*ser* no mundo adverso".[8] Ao evocar um legado histórico de liberdade e contestação à ordem colonial estabelecida, a historiadora sublinha a memória comunitária de quilombos e refúgios, borrados dos registros oficiais após a abolição formal da escravidão,[9] mas presentes hoje em estruturas de organização social nas favelas e subúrbios das cidades, em terreiros de axé, assentamentos rurais e outros espaços de encontro entre pessoas negras. Em sua leitura,

> [...] a ecologia mental, "o reflorestamento mental e afetivo" de nosso povo, possui possibilidades infinitas ao estimular-se sua veia artística, estética e poética, principalmente através da afro-religiosidade.[10]

A imposição da língua portuguesa, em 1758, ainda "tentou consumar o seccionamento entre o africano e o tecido espiritual e histórico que constituía seu mundo simbólico",[11]

---

7. Ibid., p. 138.
8. Ibid., p. 241.
9. Atestando o racismo institucional, a insegurança jurídica, a morosidade, a burocracia e a violência em processos de reconhecimento de territórios quilombolas por parte do Estado (que fazem com que "o direito seja vivido enquanto conflito imediato"), Selma dos Santos Dealdina (2020) desenha o atual panorama nacional: há cerca de duzentos territórios quilombolas titulados e mais de dois mil processos de titulação de territórios abertos junto ao Instituto Nacional de Colonização e Reforma Agrária (INCRA, transferido sem consulta prévia, por Medida Provisória, ao Ministério de Agricultura, em violação do artigo 6º da Convenção sobre Povos Indígenas e Tribais da Organização Internacional do Trabalho).
10. Beatriz Nascimento, *Uma história feita por mãos negras*, op. cit., p. 227.
11. Abdias Nascimento, *O quilombismo*. São Paulo: Perspectiva; Rio de Janeiro: IPEAFRO, 2019, p. 131.

como indica Abdias Nascimento, mas termos do iorubá e do nagô, em especial, mantiveram-se no *pretuguês*[12] diaspórico e em repertórios intensivos, associados a gestos e vocábulos, frequentemente associados a atividades rituais.

Em síntese, com Beatriz Nascimento, sabe-se que "as religiões afro-brasileiras de origem banto ou nagô sincretizaram-se para fornecer aos seus adeptos o princípio dessa força que funciona como máquina de guerra existencial e física".[13] A força vital é um fundamento banto; em sua descrição, uma "força de singularização que impõe que se desempenhe a vida diante das graças e das adversidades", "fazendo deste um espaço descontínuo no tempo, em que as *frinchas* provocam linhas de fuga e são elementos de dinamização que geram um meio social específico". A iniciação *kilombo,* na África Central, é narrada pela historiadora como uma introdução a "praticar o nomadismo como fundador de estabelecimentos territoriais", fazendo do corpo também um quilombo, habilitado ao "movimento de organizar territórios". Fortalece-se o indivíduo como "um território que se desloca no espaço geográfico, incorporando um paradigma vivo e atuante no território americano fundado pelos seus antepassados".[14]

No maracatu, no jongo, no samba, na capoeira, na genealogia performática dos Congados, o conhecimento é grafado na cadência do gesto. Na descrição de Leda Maria Martins,

---

12. Lélia Gonzalez. *Por um feminismo afro-latino americano*. São Paulo: Companhia das Letras, 2020, p. 115.
13. Beatriz Nascimento, *Uma história feita por mãos negras*, op. cit., p. 251.
14. Ibid.

> [...] a palavra vocalizada ressoa como efeito de uma linguagem pulsional no corpo [...], numa sintaxe expressiva contígua que fertiliza o parentesco entre os vivos, os ancestres e os que ainda vão nascer.[15]

O acontecimento corporificado instaura sua temporalidade própria, atualizando a memória da força de todo um *corpus* social. Para Martins, "poder ser na ancestralidade é poder ser na sacralidade de tudo que nos envolve".[16] Aqui, "o gesto não é apenas narrativo ou descritivo, mas, fundamentalmente, performativo. O gesto, como uma *poiesis* do movimento e como forma mínima, pode suscitar os sentidos mais plenos".[17]

Retomando a formulação de Denise Ferreira da Silva,[18] Castiel Vitorino Brasileiro alude à possibilidade de manipulação da sequencialidade característica da temporalidade colonial no movimento *exusiástico*, uma *imensurabilidade* propiciada pelo "deslocamento radical do regime racial".[19] Em sua análise, espiritualidades afrocentradas e indígenas consistem em exercícios filosóficos que

---

15. Leda Maria Martins, *Performance do tempo espiralar: poéticas do corpo-tela*. Rio de Janeiro: Cobogó, 2021, p. 76.
16. Ibid., p. 67.
17. Ibid., p. 86.
18. Denise Ferreira da Silva, "Sobre diferença sem separabilidade". In: *Incerteza viva*. Catálogo da 32ª Bienal de Artes de São Paulo, pp. 57–65. São Paulo, 2016.
19. Castiel Vitorino Brasileiro, *Tornar-se imensurável: o mito negro brasileiro e as estéticas macumbeiras na Clínica da Efemeridade*. Dissertação de mestrado, PUCSP, 2021, p. 33.

> [...] possibilitam continuar lembrando da experiência corporal/vital que é viver fora dos parâmetros de existências inaugurados pela colonização – raça, gênero e classe social —, ainda que esses mitos também estejam presentes nessas situações ritualísticas e medicinais.[20]

A função sacral e terapêutica das plantas na preparação de banhos, bebidas e comidas rituais é revisitada por estudos etnofarmacobotânicos sobre remédios, incensos e cachimbos usados em associação aos orixás, que também "dominam os vegetais, determinando a cada um deles os poderes mágicos e curativos que lhes cabem".[21] Selma Dealdina recorda o protagonismo das mulheres quilombolas na manutenção "do legado cultural, da preservação das danças, das rezas, das ladainhas, dos contos, do manuseio do capim-dourado, dos assentos religiosos, do modo de fazer a farinha, o beiju, os doces típicos dos quilombos".[22] A oralitura[23] e os procedimentos mnemônicos que atravessam evocações, cantigas e

---

20. Ibid., p. 28.
21. Maria Thereza Lemos de Arruda Camargo, "Ritual Plants of African Origin: Religious in Brazil and their Pharmacological Influence". *Dominguezia*. v. 15. n. 1, 1999, p. 22.
22. Selma Dealdina (org.). *Mulheres quilombolas: territórios de existências negras femininas.* São Paulo: Sueli Carneiro; Jandaíra, 2020, p. 37.
23. Para Leda Maria Martins, a oralitura envolve os conhecimentos orais, as memórias, os cantares, os rituais, as repetições, os gestos e as performances grafados pelo corpo (Martins 1997, p. 21; 2003, p. 77).

ritos também inscreveram, junto a espécies vegetais, um "mapa cognitivo para a sobrevivência" de povos negros, principalmente no Brasil e no Caribe.[24]

No Candomblé, o preparo de comidas rituais e oferendas são manifestações intrínsecas ao culto dos orixás, segundo propriedades sagradas e terapêuticas ligadas a predileções, filiações, composições, restrições e técnicas culinárias específicas. De modo singular, "o Candomblé atribui ao ato de comer um protagonismo ímpar, pela forma como a comida estabelece o trânsito entre o humano e o divino",[25] em corporeidades agenciadoras de códigos "sensoriais, visuais, cinéticos, olfativos, gustativos, repletos de música e dança".[26] Profundamente conectada à vitalidade e sociabilidade de diversos entes, pois, a materialidade orgânica de cada alimento excede suas qualidades nutricionais e medicinais, mobilizando processos socioespirituais e de transmissão de saberes em que agências mais que humanas intervêm. Assim, os usos das plantas "não se devem aos componentes químicos que encerram, mas aos poderes que as divindades lhes atribuem",[27] assim como à sua capacidade de transfiguração por meio da interação litúrgica.

O ato de nutrição tampouco se limita aos encontros

---

24. Judith Carney e Robert Voeks, "Landscape Legacies of the African Diaspora in Brazil". *Progress in Human Geography*, v. 27, n. 1, 2003, p. 76.
25. Ana Paula Nadalini, "O nosso missal é um grande cardápio: Candomblé e alimentação em Curitiba". Coimbra, *AngelusNovus*, pp. 310–322, 2012.
26. Leda Maria Martins, *Performance do tempo espiralar*, op. cit., p. 118.
27. Maria Thereza Lemos de Arruda Camargo, "Ritual Plants of African Origin", op. cit., p. 22.

interespécies, mas, antes, refere-se a uma pluralidade de apetites e metabolismos que mobilizam a circulação de energia, como notam Lior Zalis e Luciana Novaes, em relação aos despachos e ebós.[28] Tudo come:

> [...] "tudo come", recebe alimentos especiais, preparados para cada ocasião. Come desde a cumeeira, ao chão, este último, principalmente. Isso é explicado através da concepção de que nada se mantém vivo sem a comida.[29]

A partir do pensamento filosófico iorubá associado ao orixá Orunmilá, Renato Noguera e Luciana Alves descrevem ainda uma "epistemologia do gosto", um *cosmopaladar* que alia o conhecimento ao gustativo, e o sabor à linguagem, atravessados pela língua.[30] Esse "paladar de mundo" descreve a realidade por meio de qualidades específicas, relacionadas ao gosto (ou desgosto) de viver: "Em termos filosóficos afroperspectivistas, comer é buscar o sabor das coisas, fazer a digestão das

---

28. A tecnologia do ebó, segundo Luciana de Castro Nunes Novaes, é o instrumento físico e energético para a circulação do *axé* entre corpos biológicos, associada também "ao corpo que necessita da interação de materiais para restabelecer o movimento e o equilíbrio da vida". Ver "A tecnologia do ebó: arqueologia de materiais orgânicos em contextos afrorreligiosos". *Revista de arqueologia: tecnologias Perecíveis*, v. 34, n. 3, set.-dez. 2021, p. 301; e Lior Zisman Zalis, *As bocas que comem e outros sistemas digestivos*. Coimbra: Oficina Pensar a comida, pensar o mundo, maio 2022.
29. Vilson Caetano de Sousa Júnior, *Na palma da minha mão: temas afro-brasileiros e questões contemporâneas*. Salvador: EDUFBA, 2011, p. 100.
30. Renato Noguera e Luciana Alves. "Exu, a infância e o tempo: Zonas de Emergência da Infância (ZEI)". *Revista educação e cultura contemporânea*, v. 17, n. 48, 2020, p. 537.

coisas para incorporá-las".[31] Dar de comer, por sua vez, significa também cuidar.[32] Noguera e Alves indicam uma relação intrínseca entre a boca, a palavra e o alimento na organização da cozinha de santo e de outros ambientes rituais e formativos onde o mistério e a memória coletiva são presentificados. A atenção à trajetória, à manipulação e à disposição rítmica de ingredientes, utensílios, toques e dizeres é determinante à potência de renovação de toda sua ecologia comensal.

～

As culturas materiais e imateriais dos quilombos existem em íntima relação com determinadas formas de ocupação agrária baseadas no parentesco e no manejo coletivo da terra, tendo conformado aspectos tecnológicos e simbólicos significativos do campesinato brasileiro. O legado botânico africano (como o arroz, o feijão-de-corda, o inhame, o quiabo, o dendê e a banana), cultivado em terras comunais como forma de subsistência de comunidades que resistiram aos poderes coloniais, forneceu uma base alimentar diversa para milhões de pessoas nos diferentes continentes em que o tráfico europeu de pessoas se estabeleceu. Nas roças quilombolas, apesar dos desafios colocados pela geografia dos refúgios e pela escassez de alimentos nas capitais, adotou-se uma variedade de cultivos indígenas, como o milho, o amendoim, a mandioca, a batata-doce e a

---

31. Ibid., p. 538.
32. Ibid., p. 539.

banana-da-terra, em associações vegetais originais. Em muitos quilombos se mantiveram práticas africanas milenares de uso da terra, assim como conhecimentos agrossilvipastoris, de criação de gado e ovelhas que proviam alimento, mobilidade e renovação da fertilidade do solo. O poder de regeneração das sementes também era conhecido: o obi da costa, a noz-de-cola (*Cola acuminata*), além de ser um elemento litúrgico fundamental, também era usado para tornar a água palatável.[33]

A luta negra pelo direito coletivo à terra continua. No Brasil, a Lei de Terras de 1850, elaborada por grandes latifundiários, herdeiros dos sistemas de sesmarias, estabeleceu que a aquisição de terra só seria possível pela compra, impedindo seu acesso àqueles que procuravam manter como mão de obra barata após a abolição. A transformação da terra em propriedade fundiária, adquirida através de capital, garantiu que imensas áreas rurais se mantivessem concentradas nas mãos de poucos proprietários. Ao longo do século XX, a produção em larga escala de commodities agropecuárias promoveu o êxodo rural, a urbanização e a fome. Após tentativas fracassadas de implantação da reforma agrária no Brasil, os conflitos pela terra se intensificaram, com chacinas e desocupações violentas perpetradas pelas forças de coação do Estado brasileiro, como o massacre de 21 pessoas em Eldorado do Carajás, em 1996. Povos da floresta, comunida-

---

33. Judith Carney e Richard Nicholas Rosomoff, *In the Shadow of Slavery: Africa's Botanical Legacy in the Atlantic World*. Berkeley; Londres: University of California Press, 2009.

des rurais, sem-terra, assentadas, camponesas e ribeirinhas, seguem enfrentando cotidianamente a violência neocolonial, retomando seus vínculos e sentidos de território, reivindicando e fabricando as políticas públicas em defesa da vida.

As sementes também se tornaram um meio de produção visado a partir da Revolução Verde. Além de expropriar terras, o agronegócio trabalha para impor o pacote agrícola convencional, sempre renovado, introduzindo sementes híbridas e transgênicas nos sítios familiares por meio de subsídios e facilidades tributárias a multinacionais. O uso de sementes corporativas supostamente "melhoradas", com seus respectivos agrotóxicos e insumos, minam a saúde dos corpos e da terra, erodindo a agrobiodiversidade e a soberania alimentar, pois não podem ser reproduzidas. Aplicada a plantas cultivadas, a biotecnologia tem sido usada para ampliar o alcance da propriedade intelectual e favorecer regulamentações que estabelecem o pagamento de royalties por agricultores a empresas detentoras de patentes, a fim de coibir a livre circulação de sementes e seus saberes associados pelo mundo.

Contra essas modalidades de expropriação contemporâneas, movimentos sociais rurais têm reencontrado a potência das sementes crioulas: variedades com grande diversidade genética, desenvolvidas, adaptadas ou produzidas por povos indígenas, quilombolas, agricultores familiares e assentados da reforma agrária. Cultivadas conforme as histórias de suas comunidades e adaptadas às especificidades climáticas e biofísicas de suas regiões, as resilientes sementes da paixão, como são chamadas na Paraíba, "são símbolos da vida em abundância, heranças deixadas pelos antepassados, cuidadas na atualidade para que as futuras gerações continuem tendo acesso a esse importante bem".[34] Grupos de agricultores e guardiões da agrobiodiversidade manejada se organizam em estratégias de subsistência material e espiritual que envolvem o estabelecimento de redes e bancos de sementes comunitários, a recuperação de variedades antigas, a diversificação de roçados, o estabelecimento de cozinhas solidárias e a disseminação de conhecimentos de autonomia socioeconômica e tecnológica.

Com Mestre Joelson Ferreira e Erahsto Felício, articuladores da Teia dos Povos, sabemos que não pode haver soberania pedagógica sem as sementes crioulas:[35] a emancipação dos povos em luta parte da organização das comunidades em formas de regenerar e defender seus territórios, biomas e modos de continuar a viver conjuntamente. A construção da soberania territorial – hídrica, alimentar, energética, pedagógica, de trabalho e de renda – é uma jornada que consiste em trabalhos situados de cooperação pela segurança alimentar e nutricional de todos os seres, pela sociobiodiversidade e pela manutenção dos ciclos e processos bioquímicos da Terra. Os gestos de semear a vida por vir persistem nos movimentos de aquilombamento e em suas práticas ecológicas plurais, reinstaurando a memória e recriando a liberdade.

---

34. Dias et al., *Sementes da paixão: catálogo das sementes crioulas da Borborema*. Esperança (PB): AS-PTA Agricultura Familiar e Agroecologia, 2016, p. 4.
35. *Por terra e território: caminho da revolução dos povos no Brasil*. Arataca: Teia dos Povos, 2021.

Diagrama Ritual Sincrético (1993), Abdias Nascimento. Acrílico sobre tela, 40 x 50 cm. Acervo do IPEAFRO.

retomar a pulsão

O percurso desses textos acompanha movimentos pulsionais que impelem ao ressurgimento da floresta e à multiplicidade virtual, convocando intervenções em gramáticas mais oportunas para traduzir as transformações nas paisagens do presente. Esses sentidos homônimos da pulsão se atravessam no seio de ecologias praticadas, tecendo vínculos localizados no contínuo exercício de produzir diferença.

Uma língua maneja a intraduzibilidade dos equívocos entre terras e territórios, uma vez que os termos emergem das relações. As alturas e os altares da floresta, suas gentes, pássaros e ancestres figuram aqui como forças de continuidade, implicadas nas práticas de regeneração necessárias a habitar e compor a terra com alteridades. Para além da razão instrumental ocidentalizada, esses vínculos ressurgem como legados vivos, fabulados e rememorados, instaurando perspectivas singulares de cuidado e cultivo que atualizam formas de viver e morrer bem em comum. O sentido dessas translações cosmopolíticas não é um retorno à natureza moderna, mas sua retomada, transmutada por metabolismos inesperados. Suas narrativas reconstituem memórias de encantes terrenos, cadenciando seus nomes próprios e suas ecologias matriciais. Seus gestos semeiam, podam e reviram composto, fazendo da linha feiticeira rizosfera.

A matéria é arquivo cósmico, portadora de forças vitais e mundanas. As temporalidades da floresta e sua materialidade heterogênea acolhem acontecimentos e perturbações no pensar e no fazer, reconfigurando territórios de existência e sensibilidades multiespécies. O arco de pesquisa aqui esboçado, ávido por outras escutas, parte das capturas de um dispositivo da sustentabilidade, atravessando os equívocos entre as línguas e os gestos que esculpem essas terras até as sementes da paixão, balaios mais-que-humanos vindouros. A trajetória do trabalho, assim, consistiu na reavaliação de seu próprio léxico e categorias de análise, de modo a seguir aprendendo a trilhar a coetaneidade da depleção e do encantamento.

BIBLIOGRAFIA

ACERVO O GLOBO. "Desastre de Minamata, crime ecológico que deixou marcas por décadas no Japão". Disponível on-line. Acesso em: 13 fev. 2020.

ALMEIDA, M. W. B. "Caipora e outros conflitos ontológicos". *Revista de Antropologia da UFSCAR*, v. 5, n. 1, pp. 7-28, 2013.

ALVARENGA, M. S. "O Candomblé começa na cozinha: alimentação, aprendizado e transformação". *Revista Habitus*. Goiânia: v. 16, n. 2, pp. 275-292, jul.-dez. 2018.

ANASTASSAKIS, Z. *Refazendo tudo: confabulações em meio aos cupins na universidade*. Copenhague; Rio de Janeiro: Zazie; Pequena Biblioteca de Ensaios, 2020.

ANDRADE, P. V.; PASINI, F. S. "Implantação e manejo de agroecossistema segundo os métodos da agricultura sintrópica de Ernst Götsch". *Cuadernos de Agroecologia*, v. 9, n. 4, pp. 1-12, 2014.

BALÉE, W. "Sobre a indigeneidade das paisagens". *Revista de Arqueologia*, 21, n. 2, pp. 9-23, 2008.

BARAD, K. "Performatividade pós-humanista: para entender como a matéria chega à matéria", trad. bras. Thereza Rocha. *Vazantes*, v. 1, n. 1, 2017.

BARBIERI, J. C. *Desenvolvimento sustentável: das origens à Agenda 2030*. Petrópolis: Vozes; Coleção Educação Ambiental, 2020.

BASTA, P. C.; HACON, S. "Impacto do mercúrio na saúde do povo indígena Munduruku, na bacia de Tapajós", 2020. Disponível on-line. Acesso em: 11 jul. 2022.

BENITES, E. "Tekoha Ñeropu'ã: aldeia que se levanta". *Revista Nera*, n. 52, pp. 19-38, 2020.

BRAGA, A. L; CERVENY, A. *Laboratório para una poética forestal*. Trabalho de conclusão de curso do Programa de Estudios Independientes do Museu d'Art Contemporani de Barcelona: Biblioteca MACBA, 2018.

BRASIL. Constituição da República Federativa do Brasil. Brasília, DF: Senado Federal: Centro Gráfico, 1988.

_____. Ato das Disposições Constitucionais Transitórias, 1988.

_____. Câmara dos Deputados: Projeto de Lei nº 191/2020. Disponível on-line. Acesso em: mar. 2022.

BRUNDTLAND, C. *Nosso futuro comum, Relatório sobre desenvolvimento sustentável*. Rio de Janeiro: FGV, 1987.

BUTLER, J. Corpos em aliança e a política das ruas. Rio de Janeiro: Civilização Brasileira, 2018.

CABRAL, D. *O "bosque de madeiras" e outras histórias: a Mata Atlântica no Brasil colonial (séculos XVIII e XIX)*. Tese de doutorado em Geografia, UFRJ. Rio de Janeiro, 2012.

CADENA, M. "Natureza incomum: histórias do antropoceno", trad. bras. Jamille Pinheiro Dias. *Revista do Instituto de Estudos Brasileiros*, Brasil, n. 69, pp. 95–117, abr. 2018.

_____. "Human but not only". Runa International Biennial of Contemporary Art (RIBOCA2), 2021. Disponível on-line.

_____. "Human but not only: Comment on KOHN, E. How forests think: Toward an anthropology beyond the human". *Hau: Journal of Ethnographic Theory* [on-line], v. 4, n. 2, pp. 253–259, 2013. Disponível on-line. Acesso em: 11 jul. 2021.

CADENA, M.; BLASER, M. (orgs.). *A world of many worlds*. Durham: Duke University Press, 2018.

CAMARGO, M. T. L. A. *As plantas medicinais e o sagrado: a etnofarmacobotânica em uma revisão historiográfica da medicina popular no Brasil*. São Paulo: Ícone, 2014.

_____. "Ritual Plants of African Origin: Religious in Brazil and their Pharmacological Influence". *Dominguezia*, v. 15. n. 1, 1999.

CARDIM, R. *Remanescentes da mata Atlântica: as grandes árvores da floresta original e seus vestígios*. São Paulo: Olhares; Museu da Casa Brasileira, 2018.

CARNEIRO DA CUNHA, M. "Traditional People, Collectors of Diversity".

In: Brightman, M. e Lewis, J. (orgs.). *The Anthropology of Sustainability: Beyond Development and Progress*. Londres: Palgrave Macmillan, pp. 257–272, 2017.

CARNEY, J. "Seed of Memory: Botanical Legacies of the African Diaspora". In: Voeks, R. e Rashfords, J. (orgs.). *African Ethnobotany in the Americas*. Nova York: Springer Science Business Media, 2013.

CARNEY, J.; ROSOMOFF, R. N. *In the Shadow of Slavery: Africa's Botanical Legacy in the Atlantic World*. Berkeley; Londres: University of California Press, 2009.

CARNEY, J.; VOEKS, R. "Landscape Legacies of the African Diaspora in Brazil". *Progress* in Human Geography, v. 27, n. 1, pp. 68–81, 2003.

CÉSAIRE, A. *Diário de um retorno ao país natal*, trad. bras. Lilian Pestre de Almeida. São Paulo: Edusp, 2021.

_____. *Discurso sobre o colonialismo*. São Paulo: Veneta, 2020.

CHAKRABARTY, D. *O planeta: uma categoria humanista emergente*, trad. bras. Gabriela Baptista. Rio de Janeiro; Copenhague: Zazie, 2020.

_____. "O clima da história: quatro teses". *Revista Sopro 91*, pp. 4–22, jul. 2013.

CHAPARRO, Y; MACIEL, J. *Como dois rios que caminham ao contrário: um ensaio reflexivo com os Guarani o desenvolvimento*. Piauí; Ceará: Terra Sem Amos, 2020.

CLASTRES, P. *Sociedade contra o Estado: pesquisas de antropologia política*, trad. bras. Theo Santiago. São Paulo: Cosac Naify, 2013.

COCCIA, E. *Metamorfoses*, trad. bras. Madeleine Deschamps e Victoria Mouawad. Rio de Janeiro: Dantes, 2020.

COSTA, A. "Ecologia e resistência no rastro do voo da bruxa: a cosmopolítica como exercício de filosofia especulativa". *AnaLógos*, n. 17, v. 1, pp. 24–34, 2018.

_____. *Cosmopolíticas da Terra: modos de existência e resistência no Antropoceno*. Tese de doutorado. Rio de Janeiro: Pontifícia Universidade Católica do Rio de Janeiro, 2019.

CNUMAD. *Declaração do Rio sobre meio ambiente e desenvolvimento*, 1992. Disponível on-line.

CROSBY, A. W. *Imperialismo ecológico: a expansão biológica da Europa, 900-1900*, trad. bras. José Augusto Ribeiro e Carlos Afonso Maferrari. São Paulo: Companhia das Letras, 2011.

CUSICANQUI, S. R. *Ch'ixinakax utxiwa: uma reflexão sobre práticas e discursos descolonizadores*, trad. bras. Ana Luiza Braga e Lior Zisman Zalis. São Paulo: n-1 edições, 2021.

DANOWSKI, D.; VIVEIROS DE CASTRO, E. *Há mundo por vir? Ensaio sobre os medos e os fins*. 2. ed. Desterro Cultura e Barbárie; Instituto Socioambiental, 2014.

DEALDINA, S. S. (org.) *Mulheres quilombolas: territórios de existências negras femininas*. São Paulo: Sueli Carneiro; Jandaíra, 2020.

DEAN, W. *A ferro e fogo: a história e a devastação da mata Atlântica brasileira*, trad. bras. Cid Knipel Moreira. São Paulo: Companhia das Letras, 1996.

DEBRET, J. B. *Vendeurs de lait et de capim*. 1835. Litografia de Thierry Frères.

DELEUZE, G.; GUATTARI, F. *O que é a filosofia?*, trad. bras. Bento Prado Jr. e Alberto Alonso Muñoz. Rio de Janeiro: Editora 34, 1992.

_____. *Mil platôs: capitalismo e esquizofrenia*. São Paulo: Editora 34, v. 1, 1997.

DESPRET, V. *O que diriam os animais?*, trad. bras. Letícia Mei. São Paulo: Ubu, 2021.

DIAS, M.; PORFÍLIO, A.; FREIRE, A. G. *Sementes da paixão: catálogo das sementes crioulas da Borborema*. Esperança (PB): AS-PTA Agricultura Familiar e Agroecologia, 2016.

DUARTE, R. H. "Olhares estrangeiros: viajantes no vale do rio Mucuri". *Revista Brasileira de História*, v. 22, n. 44, pp. 267-288, 2002.

EUGENIO, F. *Quase-manifesto ante o irreparável*. Buala, 2019. Disponível on-line. Acesso em: mai. 2020.

ESCOBAR, A. "Sentipensar con la Tierra: Las Luchas Territoriales y la Dimensión Ontológica de las Epistemologías del Sur". Madri: *Revista de Antropología Iberoamericana*, v. 11, n. 1., pp. 11–23, jan.-abr. 2016

_____. *Designs for the Pluriverse. Radical Interdependence, Autonomy and the Making of Worlds*. Durham: Duke University Press, 2017.

FANON, F. *Pele negra, máscaras brancas*, trad. bras. Renato da Silveira. Salvador: EDUFBA, 2008.

FEDERICI, S. *O ponto zero da revolução: trabalho doméstico, reprodução e luta feminista*, trad. bras. coletivo Sycorax. São Paulo: Elefante, 2019.

FERDINAND, M. *Uma ecologia decolonial: pensar a partir do mundo caribenho*, trad. bras. Letícia Mei. São Paulo: Ubu, 2022.

FERREIRA, J.; FELÍCIO, E. *Por terra e território: caminho da revolução dos povos no Brasil*. Arataca: Teia dos Povos, 2021.

FLORES, V. "Escupamos sobre la diversidad. Discursos de normalización y borramiento de identidades". In: *Interrupciones: ensayos de poética activista*. Neuquén: La Mondonga Dark, 2013.

FLUSSER, V. "The Gesture of Planting". In: *Gestures*, trad. Nancy Ann Roth. Minneapolis: University of Minnesota Press, 2014.

_____. *Gestos*. São Paulo: Annablume, 2014.

_____. *Does writing have a future?*. Minneapolis; Londres: University of Minnesota Press, 2011.

GALARD, J. *A beleza do gesto*, trad. bras. Mary Amazonas Leite de Barros. São Paulo: Edusp, 2008.

GOMES, F. S. *Mocambos e quilombos: uma história do campesinato negro no Brasil*. São Paulo: Claro Enigma, 2015.

GÖTSCH, E. *Homem e natureza: cultura e agricultura*. 2. ed. Recife: Centro de Desenvolvimento Agroecológico Sabiá, 1997.

GUATTARI, F. *As três ecologias*. 11. ed. Trad. bras. Maria Cristina F. Bittencourt. São Paulo: Papirus, 2001.

GUATTARI, F.; ROLNIK, S. *Micropolítica: cartografías del deseo*. Madri: Traficantes de Sueños, 2006.

GUIMARÃES, R. A.; JUNGHANS, R.; MASSUQUETO, L. L.; MOCHIUTTI, N. F.; PONTES, H. S.; SILVA, A. J. C. "Primeiro registro de arte rupestre com representações de Araucaria angustifolia, Sul do Brasil". *Caderno de Geografia*, v. 33, n. 72, pp. 174-178, 2023. Disponível on-line.

GROSFOGUEL, R. "Descolonizar as esquerdas ocidentalizadas: para além das esquerdas eurocêntricas rumo a uma esquerda transmoderna descolonial". *Revista Contemporânea*, Dossiê Saberes Subalternos. v. 2, n. 2, pp. 337-362, jul.–dez. 2021.

HARAWAY, D. *Ficar com o problema: formar parentes no Chthuluceno*, trad. bras. Ana Luiza Braga. São Paulo: n-1 edições, 2023.

_____. *Staying with the Trouble: Making Kin in the Chthulucene*. Durham e Londres: Duke University Press, 2016.

_____. *When Species Meet*. Minneapolis: University of Minnesota Press, 2013.

_____. *The companion species manifesto: Dogs, people, and significant otherness*. Chicago: Prickly Paradigm Press, v. 1, pp. 3-17, 2003.

_____. "Saberes localizados: a questão da ciência para o feminismo e o privilégio da perspectiva parcial". *Cadernos Pagu*, Campinas, n. 5, pp. 7-41, 1995.

HARAWAY, D.; TORRES, H. "Ficar com o problema de Donna Haraway". In: Pál Pelbart, P.; Muniz, R. (orgs.). *Pandemia crítica*: inverno 2020, trad. bras. Ana Luiza Braga, Carola Betemps, Cristina Ribas, Guilherme Altmayer, Damian Cabrera. São Paulo: n-1 edições, 2021.

HARRISON, R. P. *Forests: The Shadow of Civilization*. Chicago: The University of Chicago Press, 1993.

HARTMAN, S. *Perder a mãe: uma jornada pela rota atlântica da escravidão*. Rio de Janeiro: Bazar do Tempo, 2021.

HUI, Y. *Tecnodiversidade*. São Paulo: Ubu, 2020.

KOPENAWA, D.; ALBERT, B. *A queda do céu: palavras de um xamã yanomami*, trad. bras. Beatriz Perrone-Moisés. São Paulo: Companhia das Letras, 2016.

KRENAK, A. *Ideias para adiar o fim do mundo*. 1. ed. São Paulo: Companhia das Letras, 2019.

LACAN, J. O aturdito. In: *Outros Escritos*, trad. bras. Vera Ribeiro. Rio de Janeiro: Zahar, pp. 448–497, 2003.

LATOUR, B. *Onde aterrar?* Como se orientar politicamente no Antropoceno. 1. ed. Trad. bras. Marcela Vieira, Rio de Janeiro: Bazar do Tempo, 2020.

LE GUIN, U. *A teoria da bolsa da ficção*, trad. bras. Luciana Chieregati e Vivian Chieregati Costa. São Paulo: n-1 edições, 2021.

_____. "Deep in admiration". In: Tsing, A.; Swanson, H.; Gan, E.; Bubant, N. (orgs.). *Arts of Living on a Damaged Planet: Ghosts of the Anthropocene*. Minneapolis: University of Minnesota Press, 2017.

LEVIS et. al. "Persistent effects of pre-Columbian plant domestication on Amazonian forest composition". *Science*, 355, pp. 925–931, 2017.

LONDRES, F. *Semente crioula é legal: A nova legislação brasileira de sementes e mudas*. Cartilha do Grupo de Trabalho de Biodiversidade da Articulação Nacional de Agroecologia, 2. ed., 2008.

LORDE, A. *The master's tools will never dismantle the master's house*. Londres: Penguin UK, 2018.

MARTINS, L. M. *Performance do tempo espiralar: poéticas do corpo-tela*. Rio de Janeiro: Cobogó, 2021.

_____. "Performances da oralitura: corpo, lugar da memória". *Letras*, n. 26, Língua e Literatura: Limites e Fronteiras. *Revista do Programa de Pós-Graduação em Letras* (PPGL UFSM), 2003, pp. 63–81.

MARTIUS, C. F. P; SPIX, J. B. *Viagem pelo Brasil* (1817–1820), v. 1. Trad. bras. Lúcia Furquim Lahmeyer. Brasília: Edições do Senado Federal, 2017.

MAZOYER, M.; ROUDART, L. *História das agriculturas no mundo: do neolítico à crise contemporânea*, trad. bras. Cláudia F. B. Ferreira. São Paulo: Editora Unesp, 2010.

MBEMBE, A. *Brutalismo.*, trad. bras. Sebastião Nascimento. São Paulo: n-1 edições, 2021.

_____. "O direito universal à respiração". In: *Pandemia crítica*: outono 2020, trad. bras. Ana Luiza Braga. São Paulo: n-1 edições, 2021.

MEADOWS, D. H.; MEADOWS, D. L.; RANDERS, J.; BEHRENS, W. *The limits to growth: A report for the Club of Rome's project on the predicament of mankind.* Nova York: Universe Books, 1972.

MOURA, C. M. *Estou aqui. Sempre estive aqui. Sempre estarei. Indígenas do Brasil. Suas imagens (1505-1905).* São Paulo: Edusp, 2012.

NADALINI, A. P. "O nosso missal é um grande cardápio: Candomblé e alimentação em Curitiba". Coimbra, *AngelusNovus*, pp. 310–322, 2012.

NASCIMENTO, A. *O quilombismo.* São Paulo: Perspectiva; Rio de Janeiro: IPEAFRO, 2019.

NASCIMENTO, B. *Uma história feita por mãos negras: relações raciais, quilombos e movimentos.* Ratts, A. (org.). Rio de Janeiro: Zahar, 2021.

NEVES, E. G. "Castanha, pinhão e pequi ou a alma antiga dos bosques do Brasil". In: Oliveira, J.; Amoroso, M.; Lima, A.; Shiratori, K.; Marras, S.; Emperaire, L. (orgs.). *Vozes vegetais: diversidade, resistências e histórias da floresta.* São Paulo: Ubu, 2020.

_____. "Não existe Neolítico ao sul do Equador: as primeiras cerâmicas amazônicas e sua falta de relação com a agricultura". In: Barreto; Lima; Betancourt (orgs.). *Cerâmicas arqueológicas da Amazônia: rumo a uma nova síntese.* Belém: IPHAN: Ministério da Cultura, 2016.

_____. *Sob os tempos do equinócio: oito mil anos de história na Amazônia Central (6.500 a.C–1.500 d.C).* São Paulo: Universidade de São Paulo, 2012.

NODARI, A. "Recipropriedade". *Piscagrama*, Belo Horizonte, n. 12, pp. 26–35, 2018. Disponível on-line. Acesso em: mai. 2020.

NODARI, E. S. *As fases da exploração madeireira na floresta com araucária e os progressivos avanços da indústria madeireira sobre as florestas primárias (1870–1970).* Anais do Simpósio Internacional de História Ambiental e Migrações, UFSC, pp. 707–726, 2010.

NOGUERA, R.; ALVES, L. P. "Exu, a infância e o tempo: Zonas de Emergência da Infância (ZEI)". *Revista Educação e Cultura Contemporânea*, v. 17, n. 48, pp. 533-554, 2020.

NOVAES, L. C. "A tecnologia do ebó: arqueologia de materiais orgânicos em contextos afro-religiosos". *Revista de Arqueologia: Tecnologias Perecíveis*, v. 34, n. 3, set.-dez. 2021.

OLIVEIRA, E. *O Paradigma da extinção: desaparecimento dos índios puris em Campo Alegre no sul do Vale do Paraíba*. Anais do XV Encontro Regional de História da ANPUH-Rio, 2012.

_____. "Mundos de roças e florestas. Boletim do Museu Paraense Emílio Goeldi". *Ciências Humanas*, v. 11, n. 1, pp. 115-131, jan.-abr. 2016.

OLIVEIRA, J. C.; AMOROSO, M.; LIMA, A. G. M.; SHIRATORI, K.; MARRAS, S.; EMPERAIRE, L. (Orgs.). *Vozes vegetais: diversidade, resistência e histórias da floresta*. São Paulo: Ubu, 2021.

OLIVEIRA, J. C.; LIMA, A. G.; SCARAMUZZI, I.; SANTONIERI, L.; CAMPOS, M. A.; CARDOSO, T. M. *Práticas e saberes sobre agrobiodiversidade: a contribuição de povos tradicionais*. Brasília: Instituto Internacional de Educação do Brasil, 2018.

OROZCO, A. P. *Subversión feminista de la economía: aportes para un debate sobre el conflicto capital-vida*. Madri: Traficantes de Sueños, 2014.

OYÊWÙMÍ, O. "Visualizando o corpo: teorias ocidentais e sujeitos africanos". In: *A invenção das mulheres: construindo um sentido africano para os discursos ocidentais de gênero*, trad. bras. Wanderson Flor do Nascimento. Rio de Janeiro: Bazar do Tempo, 2021.

PARSONS, J. J. "Spread of African pasture grasses to the American tropics". *Journal of Range Management*, v. 25, n. 1, pp. 12-17, 1971.

PASINI, F. S. *A agricultura sintrópica de Ernst Götsch: história, fundamentos e seu nicho no universo da agricultura sustentável*. Dissertação de mestrado em Ciências Ambientais e Conservação. Rio de Janeiro: UFRJ, 2017.

PELBART, P. P. "Ecologia do Invisível". In: *A nau do tempo rei: 7 ensaios sobre o tempo e a loucura*. Rio de Janeiro: Imago, 1993.

_____. *Da clausura do fora ao fora da clausura: loucura e desrazão*. 2. ed. São Paulo: Iluminuras, 2009.

PRIGOGINE, I.; STENGERS, I. *A nova aliança: metamorfose da ciência*, trad. bras. Miguel Faria e Maria Joaquina Machado Trincheira. Brasília: Editora Universidade de Brasília, 1997.

PRIMAVESI, A. *A biocenose do solo na produção vegetal & Deficiências minerais em culturas, nutrição e produção vegetal*. São Paulo: Expressão Popular, 2018.

PROCHNOW, M. (Org.). *Barra Grande: A hidrelétrica que não viu a floresta*. Curitiba: Apremavi, 2005.

RANCIÈRE, J. "O dissenso". In: *A crise da razão*. São Paulo: Companhia das Letras, pp. 367–382, 1996.

REBELLO, J. F.; SAKAMOTO, D. G. *Agricultura* sintrópica *segundo Ernst Götsch*. São Paulo: Reviver, 2021.

REIS, P. P. *O indígena do Vale do Paraíba: apontamentos históricos para o estudo dos indígenas do Vale do Paraíba Paulista e regiões circunvizinhas*. São Paulo: Coleção Paulística, v. 15, 1979.

ROBINSON, M.; SOUZA, J. G.; MAEZUMI, S. Y.; CÁRDENAS, M.; PESSENDA, L.; PRUFER, K.; CORTELETTI, R.; SCUNDERLICK, D.; MAYLE, F. E.; BLASIS, P.; IRIARTE, J. "Uncoupling human and climate drivers of late Holocene vegetation change in Southern Brazil". *Nature: Scientific Reports*, 2019, 8:7800.

RODNEY, W. *Como a Europa subdesenvolveu a África*. Lisboa: Seara Nova, 1975.

RODRIGUES, C. M. Mãe Celina de Xangô. *O poder das ervas. The Power of Herbs*. Edição bilíngue. São Paulo: Córrego, 2020.

ROLNIK, S. *Esferas da insurreição: notas para uma vida não cafetinada*. São Paulo: n-1 edições, 2018.

RUFINO, L.; SIMAS, L. *Fogo no mato: a ciência encantada das macumbas*. Rio de Janeiro: Mórula Editorial, 2019.

SAHLINS, M. *A sociedade afluente original*. [S. l.]: Contraciv, 2021.

SAINT-HILAIRE, A. *Viagem pelas províncias do Rio de Janeiro e Minas Gerais*, trad. bras. Vivaldi Moreira. Belo Horizonte; Itatiaia; São Paulo: Edusp (Coleção Reconquista do Brasil), v. 4, 1975.

_____. *Viagem pela comarca do Curitiba* (1820), trad. bras. Carlos da Costa Pereira. São Paulo: Companhia Editora Nacional, v. 315, 1964. Disponível on-line.

SAMPAIO, S. M.; GUIMARÃES, L. B. "O dispositivo da sustentabilidade: pedagogias no contemporâneo". *Perspectiva*, v. 30, n. 2, pp. 395-409, 2012.

SANTANA, T. "Tradução, interações e cosmologias africanas". *Cad. Trad.*, Florianópolis, v. 39, n. esp., pp. 65-77, set.-dez., 2019. Disponível on-line. Acesso em: 10 mai. 2022.

SANTOS, A. B. *Colonização, quilombos: modos e significações*. 1. ed., Brasília: INCTI/UnB, 2015.

_____. "Somos da Terra". *Piseagrama*, Belo Horizonte, n. 12, pp. 44-51, 2018.

SCHIAVON, J. P. *Pragmatismo pulsional: clínica psicanalítica*. São Paulo: n-1 edições, 2019.

SEGATO, R. *Crítica da colonialidade em oito ensaios: e uma antropologia por demanda*. Rio de Janeiro: Bazar do Tempo, 2021.

SILVA, D. F. "Sobre diferença sem separabilidade". In: *Incerteza viva*. Catálogo da 32ª Bienal de Artes de São Paulo, pp. 57-65. São Paulo, 2016.

SHIVA, V. *Monoculturas da mente: perspectivas da biodiversidade e da biotecnologia*. São Paulo: Gaia, 2003.

SOUSA JÚNIOR, V. C. *Na palma da minha mão: temas afro-brasileiros e questões contemporâneas*. Salvador: EDUFBA, 2011.

STENGERS, I. "A proposição cosmopolítica". *Revista do Instituto de Estudos Brasileiros*, n. 69, pp. 442-464, abr. 2018.

_____. "Reativar o animismo". *Cadernos de Leitura*, Belo Horizonte: Chão de Feira, n. 62, pp. 1-15, 2017.

_____. *No tempo das catástrofes: resistir à barbárie que se aproxima*, trad. bras. Eloisa Araújo Ribeiro. São Paulo: Cosac Naify, 2015.

_____. "Introductory notes on an ecology of practices". *Cultural studies review*, v. 11, n. 1, pp. 183-196, 2005.

SÜSSEKIND, F. "Sobre a vida multiespécie". *Revista do Instituto de Estudos Brasileiros*, n. 69, pp. 159–178, 2018.

SZTUTMAN, R. "Reativar a feitiçaria e outras receitas de resistência: pensando com Isabelle Stengers". *Revista do Instituto de Estudos Brasileiros*, n. 69, pp. 338–360, 2018.

SVAMPA, M. *As fronteiras do neoextrativismo na América Latina: conflitos socioambientais, giro ecoterritorial e novas dependências*. Rio de Janeiro: Elefante, 2020.

TAGLIARO, M. M.; PERONI, N. "Local Varieties of Araucaria angustifolia (Bertol.) Kuntze (Pinales: Araucariacea) in Southern Brazil: A Brief Discussion about Landscape Domestication". *Revista Biotemas*, v. 31, n. 3, pp. 59–68, set. 2018.

TAVARES, P. H. "As *derivas* de um conceito em suas traduções: o caso do Trieb freudiano". *Trabalhos em Linguística Aplicada*, v. 50, n. 2, 2011. Disponível on-line. Acesso em: 10 jun. 2022.

TSING, A. *O cogumelo no fim do mundo: sobre a possibilidade de vida nas ruínas do capitalismo*, trad. bras. Jorgge Menna Barreto e Yudi Rafael. São Paulo: n-1 edições, pp. 21–26, 2022.

_____. *Viver nas ruínas: paisagens multiespécie no Antropoceno*, trad. bras. Rafael V. Devos et al. Brasília: IEB Mil Folhas, 2019.

_____ "Margens indomáveis: cogumelos como espécies companheiras", trad. bras. Pedro Castelo Branco Silveira. *Ilha*, v. 17, n. 1, jan.–jul. 2015.

UNITED NATIONS. *Report of the United Nations conference on the human environment*, 1972.

VEIGA, J. E. *Sustentabilidade: a legitimação de um novo valor*. São Paulo: Senac, 2019.

VITORINO, C. B. *Tornar-se imensurável: o mito negro brasileiro e as estéticas macumbeiras na Clínica da Efemeridade*. Dissertação de mestrado, PUCSP, 2021.

VIVEIROS DE CASTRO, E. "Os involuntários da pátria". *ARACÊ: Direitos Humanos em Revista*, n. 5, fev. 2017.

_____. "Perspectival Anthropology and the Method of Controlled Equivocation". *Tipití: Journal of the Society for the Anthropology of Lowland South America*, v. 2, n. 1, 2004. Disponível on-line.

ZALIS, L. *As bocas que comem e outros sistemas digestivos*. Coimbra: Oficina Pensar a comida, pensar o mundo, maio 2022.

IMAGENS

PÁGINA 35. *Sol do sertão* (c. 1961), Cacilda Teixeira De Vincenzi.

PÁGINA 95. Pintura rupestre feita por povos Jê, fotografada em 2021 em uma gruta em Piraí do Sul, no Paraná, pelo Grupo Universitário de Pesquisas Espeleológicas da Universidade Estadual de Ponta Grossa.

PÁGINA 105. *The People of Calicut* (1518), Hans Burgkmair.

PÁGINA 119. *Diagrama ritual sincrético* (1993), Abdias Nascimento.

agradecimentos

Este trabalho se deve ao ânimo e ao acolhimento das pessoas com quem tive a sorte de partilhá-lo, durante e após o mestrado no Núcleo de Estudos da Subjetividade do departamento de Psicologia Clínica da PUC-SP. Agradeço a Peter Pál Pelbart, orientador, por seu acompanhamento sempre vivaz e encorajador, portador de novas possibilidades. À bolsa concedida pelo CNPq entre 2020 e 2022. A João Perci Schiavon, Jorgge Menna Barreto e Zoy Anastassakis, que acompanharam e conduziram o estudo por meio de suas proposições nas artes, na clínica e na educação. Naquele momento de distâncias, pude conviver com a escuta afinada de Suely Rolnik, Denise Sant'anna, Ana Cláudia Hollanda, Paula Cobo, Luiza Proença, Karlla Girotto, Luas Szemere, Maria Mariana Borges, Haroldo Saboia, Morena Buser, Renan Dias, Karina Acosta, Castiel Vitorino, Taís Tesch, Thais Lobo. Celebro as alianças que compõem o Núcleo.

Ao longo da pesquisa, tive a oportunidade de pensar sobre as complexidades da tradução a partir de seu exercício, em processos que reorientaram seus caminhos e inocularam sua linguagem. Agradeço a Marisol de la Cadena, que gentilmente revisou a tradução do ensaio "Humano, mas não só"; a Silvia Rivera Cusicanqui, por sua generosidade ao longo da tradução de *Ch'ixinakax utxiwa: uma reflexão sobre práticas e discursos descolonizadores*; a Lior Zisman Zalis, parceiro de aventuras tradutórias; a Lucia Egaña, que nos despertou à potência política desse ofício; e a Donna Haraway, cujo *Staying with the trouble* se tornou um fio-Terra durante a pandemia. Tenho profundo apreço por todas as pessoas, mestres, professores e pesquisadores aqui citados, que nos emancipam e reinventam brasis com a vitalidade de seus pensamentos. Agradeço a Inês Mendonça, Graziela Marcolin, Flavio Taam, Gabriel Mendonça e toda a equipe da n-1 edições, que viabilizou a publicação deste trabalho e das traduções referenciadas.

Às camaradas do Caaeté e do Mutirão, que me ensinam a colher o pensamento no fazer. A Marcelo, Ana Cecilia, Ana Cristina, Tatiana, Lecticia, Ticiana, Paavo, Tobias, Lidia, Celina, Ana Paula, Catarina, Barja, Gui, Tatu, Bea, Marzia, Jandir, Juliana, Lior e Ceneide, pelo apoio amoroso que me permitiu seguir estudando. Aos meus avós, Megan, Humberto, Norma e Ruy, em memória.

Ao meu companheiro, André, que transforma agrofloresta em verbo, à sombra de *ka'á eté*.

Aos mortos, que tornamos presentes.

Dados Internacionais de Catalogação na Publicação (CIP)
(Câmara Brasileira do Livro: SP, Brasil)

B813a Braga, Ana Luiza

Um altar que se coma: ensaios da agroflorestal / Ana Luiza Braga.
São Paulo, SP: n-1 edições, 2024. 142 pp.; 12 cm x 17 cm.

ISBN: 978-65-6119-010-7

1. Ciências sociais. 2. Agrofloresta. 3. Ecologia. 4. Socioecologia.
I. Braga, Ana Luiza. II. Título.

CDD: 300

2024-897

CDU: 3

Elaborado por Odilio Hilario Moreira Junior (CRB-8/9949)
Índices para catálogo sistemático:
1. Ciências sociais 320
2. Ciências sociais 3

n-1

O livro como imagem do mundo é de toda maneira uma ideia insípida. Na verdade não basta dizer Viva o múltiplo, grito de resto difícil de emitir. Nenhuma habilidade tipográfica, lexical ou mesmo sintática será suficiente para fazê-lo ouvir. É preciso fazer o múltiplo, não acrescentando sempre uma dimensão superior, mas, ao contrário, da maneira mais simples, com força de sobriedade, no nível das dimensões de que se dispõe, sempre n-1 (é somente assim que o uno faz parte do múltiplo, estando sempre subtraído dele). Subtrair o único da multiplicidade a ser constituída; escrever a n-1.

Gilles Deleuze e Félix Guattari

n-1edicoes.org

v. d63ec69